Mr. Le président *** Boville, chanoine de *** son inexactitude au catalog. des libres, *** de *** inexpertes. *** réflexi *** privilege (***) *** l'imprefs. de *** qu'il a vendu à *** libraire *** de 7000.

Cet ouvrage, *** seule *** pour faire avec *** aujourd'hui quantité de catalogues *** à *** D'ailleurs, il était *** facile d'ajouter des notes, qui auraient indiqué à *** Brité de *** utilité des ouvrages, les *** notes auraient *** peut-être de la *** *** livres, un *** quantité, au lieu d'un catalogue très *** très ***.

*** il était très facile (puis que *** une ***) de donner la *** en *** du 1er. vol. de catalogue de la Bibliothèque de Roy. Car *** *** en *** genre *** satisfait le public. Car *** avec raison que l'académie *** à refusé la privilege, il était très inutile *** l'approuva, *** la ***.

DISSERTATION

SUR

LES BIBLIOTHEQUES.

TABLE ALPHABETIQUE

DES

DICTIONNAIRES.

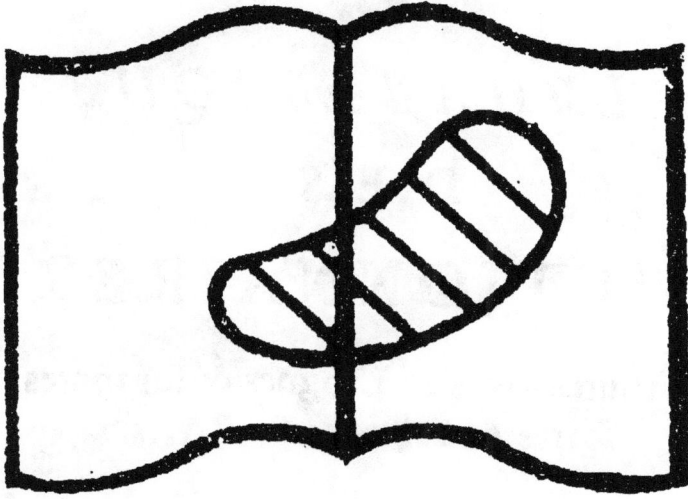

Illisibilité partielle

TABLE

ALPHABETIQUE

DES

DICTIONNAIRES,

En toutes sortes de Langues & sur toutes
sortés de Sciences & d'Arts.

A PARIS.

Chez

{
Hug. Chaubert, Quai des Augustins,
à la Renommée.

Herissant, Imprimeur, rue Notre-
Dame, à la Croix d'or.
}

M. DCC. LVIII.

Avec Approbation & Privilége du Roi.

AVIS DES LIBRAIRES.

L'UTILITÉ des Dictionnaires eſt connue depuis long-temps, mais ils ſont aujourd'hui plus à la mode que jamais : on les regarde comme une voie abrégée pour devenir ſçavant en peu de tems & à peu de frais.

Nous avons des Dictionnaires en toutes les Langues, en toutes ſortes de matieres ; Dictionnaires Théologiques, Hiſtoriques, Géographiques, Militaires, Poëtiques, Dramatiques, Iconologiques, &c. Nous en avons des mots & des expreſſions de toutes les Langues connues. Nous avons conçu qu'une Table alphabétique de tous ces Dictionnaires pourroit être d'un très-grand ſecours ; & quoique nous n'ignorions pas qu'on en pourra ajoûter beaucoup d'autres à celle que nous préſentons, nous n'avons pas cru devoir priver le Public de ce premier eſſai dans lequel on trou-

vera du moins une affez ample no-
tice des différentes éditions de tous
ceux qui en font l'objet. Elle .eft
le fruit du loifir d'un Homme de
Lettres qui a bien voulu nous la
remettre dans l'état où elle eft, en
attendant plufieurs autres Ouvrages qu'il fe propofe de donner in-
ceffamment fur des matieres beaucoup plus intéreffantes.

Monfieur l'Abbé Bellet, Secré-
taire de l'Académie des Belles-Let-
tres de Montauban, a bien voulu
auffi nous faire part de fa fçavante
Differtation fur les Dictionnaires
qu'il a lue à l'Affemblée publique
de cette Académie le jour de faint
Louis 1754, & dont on a vû l'Extrait dans le Mercure de France au
mois de Mars 1755 : nous la don-
nons ici en entier ; & c'eft un pré-
fent dont nous penfons que le Public nous fçaura gré.

QUESTION

ERRATA.

Fautes à corriger dans la Dissertation sur les Bibliotheques.

Pag. 7. ligne 8. Chumbre des Comptes, *lisez* Chambre des Comptes.

Pag. 11. lig. derniere, par M. de V. *lisez* par M. de N. de Noinville Maître des Requêtes.

Pag. 12. lig. 3. sous nom, *lisez* sous le nom.

Pag. 22. lig. 13. 1731. *lisez* 1631.

Pag. 31. lig. 23. Perau, *lisez* Perrault.

Pag. 25. lig. 18. Arnaud, *lisez* Armand.

Pag. 38. lig. 19. *ajoûtez* à la marge 1718.

Dans la Table Alphabétique des Dictionnaires.

Pag. 11. lig. 4. doigts, *lisez* dit.

Pag. 12. lig. derniére, *ajoûtez* (c)

Pag. 17. lig. penultieme, ne m'empescheroit ; *ajoûtez* pas.

Pag. 10. lig. 11. au lieu de * *mettez* (a).

Pag. 22. lig. 24. empoyer, *lisez* employer.

Ibid. lig. 25. comlparerois, *lisez* comparerois.

QUESTION

Sur les Dictionnaires.

DEpuis quelques années nul genre d'ouvrage ne s'est autant multiplié que les Dictionnaires. On en a composé non-seulement pour apprendre toutes les Langues, mais pour entrer dans toutes les Sciences & pour s'instruire de tous les Arts. La Fable, l'Histoire, l'Ecriture sainte, la Géographie, les Cas de conscience, les Mathématiques, la Jurisprudence, la Guerre, l'Œconomie, le Commerce, la Médecine, la Musique, la Chaire, que sçais-je ? les Alimens, les Proverbes, &c. tout a son Dictionnaire. Je n'en excepte pas même une matiére que Démosthène jugeoit peu digne d'occuper long - temps des hommes raisonnables : je veux dire, ce qu'on appelle *Nouvelles*. (*a*) D'un goût encore aussi vif & aussi décidé sur ce point que le furent, au rapport de César (*b*), les anciens Habitans des Gaules, nous avons

(*a*) *Nos Nouvellistes*, c'est-à-dire nos plus grands Fous. *Dém st. Trad. de M. de Tourreil.*
(*b*) De Bell. Gall. L. IV, c. 5.

A

donné aux *Nouvellistes* , à l'occasion des
dernières guerres, le *Dictionnaire du temps*.
On vient de publier le Dictionnaire des
Postes , & celui des Théatres. On en a
annoncé un autre pour les Finances. Enfin
nous avons vû éclore les premiers Volumes d'un Dictionnaire fait, ce semble,
pour engloutir tous les autres. C'est aussi
l'ouvrage d'une *Société de Gens de Lettres*
qui vont moissonner dans tous les champs,
pour former le cercle universel de toutes les
Sciences , de tous les *Arts* & de tous *les
Métiers*; qui prétendent , en suivant les
vûës du Chancelier Bacon, & en profi-
tant du plan de Chambers, composer un
arbre scientifique dont chaque branche pré-
sentera quelqu'une des connoissances de
l'esprit humain. Nous souhaitons que le
Public éclairé puisse applaudir sans res-
triction à un travail qu'on nous a annoncé , sinon comme absolument nécessaire ,
du moins comme infiniment utile au progrès des Lettres.

　Aujourd'hui donc, plus que jamais, il seroit
vrai de dire qu'on pourroit faire *un Dictionnaire des noms de tous les Dictionnaires qui
existent* (a) Cette proposition qu'on accusa
sans doute d'éxagération & d'Hyperbole ,

_____

(*a*) Voyez le Merc. de Fr. Nov. 1746.

quand elle fut avancée pour la première
fois , a acquis en peu de temps tant de degrés
de probabilité, que nous sommes presqu'en
droit de la placer déformais parmi les vérités de fait que l'expérience rend incon-
testables.

Cela suppose que la fortune des Dictionnaires est assez brillante. Il n'est point en
effet de bibliothèque où ils n'occupent une
place considérable. Combien de Particu-
liers dont ils font même, pour ainsi dire,
l'unique bibliothèque ? Ce font les seuls
oracles qu'ils consultent dans leurs doutes ;
ce font les seuls Maîtres qu'ils reconnoif-
fent dans chaque genre.

La voix publique n'est pourtant pas si
unanime en faveur des Dictionnaires. On
a sérieusement demandé *s'ils se multiplient*
aujourd'hui pour le progrès ou pour la ruine
des Lettres ? Peut-être , selon l'usage établi
parmi les hommes , chacun ne suit-il que
son goût particulier ou ses préjugés , en
répondant à cette question. Delà sans doute
ces extrémités opposées où donnent également les Partisans & les Ennemis des Dictionnaires. Qu'il me soit permis d'examiner si un juste milieu ne seroit pas sur ce
point la place de la vérité. Nous con-
noîtrons le prix des Dictionnaires, en dif-
cutant & la gloire qu'ils sont en état de

procurer à leurs Auteurs, & les avanta-
ges que les Lecteurs peuvent en retirer.

En me voyant traiter cette Queſtion,
on ſe rappellera vrai-ſemblablement celles
qui ont été élevées depuis peu ou ſur
l'utilité des Sciences & des Arts, ou ſur
la *multiplicité des ouvrages en* tout genre,
ou ſur le *grand nombre des Académies (a)*.
Il doit paroître ſingulier qu'à tous ces
égards nous craignions d'être appauvris
par nos propres richeſſes. Mais le doute
qui ſeroit injuſte, s'il étoit réel, par rapport à quelqu'un de ces objets, eſt cer-
tainement bien fondé par rapport aux Dictionnaires.

Rien de plus raiſonnable que d'apprécier
un ouvrage par les qualités qu'il ſuppoſe
néceſſairement dans ſon Auteur. Il eſt na-
turel que les effets ſe reſſentent de la nobleſſe de leur cauſe, & qu'un Ecrit ſoit jugé
plus ou moins digne de l'eſtime du Public,
ſuivant l'eſpèce de mérite qui l'a enfanté.

Sur ce principe inconteſtable il n'eſt pas
poſſible d'accorder, ce ſemble, aux
Auteurs des Dictionnaires un rang bien
diſtingué dans la Littérature. Ce n'eſt pas
que je leur diſpute les qualités du cœur

(a) Sujets propoſés par l'Acad. de Dijon 1750,
par l'Acad. de Pau en 1753, & par l'Acad. de
Montauban en 1754.

qui peuvent les rendre estimables. Je suppose volontiers que dans leur travail ils n'ont aucune vuë d'intérêt , & qu'ils ne se proposent que d'applanir en faveur de tout le monde les routes difficiles du sçavoir. Mais si c'est au cœur à nous diriger dans le choix du sujet , c'est à l'esprit , c'est au génie à nous soûtenir dans la manière de le traiter. Il n'est pas rare qu'avec les meilleures intentions du monde , on fasse un très-mauvais ouvrage. Il s'agit donc ici de mesurer la portion d'esprit que demande en rigueur la composition d'un Dictionnaire. Ce n'est point d'abord une production du génie. L'imagination n'y exerce , à proprement parler , aucune de ses fonctions.

L'Ecrivain qui s'occupe de ce travail , est dispensé d'y rien mettre de son propre fonds. Réduit au servile emploi de Copiste , il ne pense point de lui-même , il raconte seulement ce que les autres ont dit ou pensé: son ouvrage n'est qu'un *Recueil*, un *Registre*, un *Magasin* ou d'actions ou de pensées étrangeres. Vous reconnoissez dans ces expressions de Labruyere le caractère de ces esprits qu'il appelle *inférieurs & subalternes*. On peut dire absolument de la composition des Dictionnaires ce que cet Auteur judicieux n'a dit de la Critique qu'avec reſtriction : que c'eſt un métier où il faut plus de ſanté que d'eſprit , plus de travail que de capacité , plus d'habitude que de génie. Encore un coup , ſi de laborieux Compilateurs méritent quelque teconnoiſ-ſance de notre part , il n'eſt pas décidé que leurs talens aient toujours droit de nous inſpirer une vénération bien profonde. (*a*)

Je ſçais que nous avons un *Diction-naire critique* , qui aux yeux de certains Lecteurs eſt un chef-d'œuvre d'érudition & de goût. Mais eſt-il bien vrai qu'il ait de quoi juſtifier une prévention ſi favo-rable ? Nous ne voulons pas nous pré-valoir du jugement qu'en porta d'abord un Scavant du premier ordre: jugement dont Bayle même ſemble n'avoir pas oſé ap-peller. (*b*) On lui reprocha de n'*avoir lû les Anciens que dans les citations des Mo-dernes, & de faire encore plus de fautes que ceux dont il eſſayoit de relever les mé-priſes.* On a récemment démontré ces deux vérités dans des remarques qui ont attiré ſur leur Auteur(*c*) les regards & les bienfaits du Prince. Nous ne dirons pas non plus

_____

(*a*) Scaliger les appelloit les *Portefaix* de la Lit-térature.

(*b*) L'Ab. Renaudot.

(*c*) Remarques critiques ſur le Diction. de Bayle , par M. l'Abbé Joly.

que le Dictionnaire dont il s'agit, a moins
d'articles véritablement instructifs ou in-
téreſſans, qu'il n'en a d'obſcènes ou de
ſuperflus, qu'il ſemble avoir été compoſé
pour éblouir des Lecteurs ſuperficiels, plutôt que pour éclairer des Lecteurs raiſon-
nables, que s'il fait les délices d'un cœur
corrompu, il n'inſpire que de l'indignation
& du dégoût à un eſprit droit & ſolide ;
& qu'enfin un Pyrrhoniſme univerſel y
afflige, y déconcerte la raiſon, au-lieu de
l'inſtruire & de la fortifier. Je m'en rapporte volontiers aux aveux, ſans doute
forcés, de celui qui nous l'a donné. Il con-
vient (*a*) que dans cet ouvrage, il ne fournit
aux Sçavans que *des compilations indigeſtes
& aſſez crues.* Il tombe d'accord qu'il n'a
fait que *compiler bonnement & à l'Alle-
mande,* ce ſont ſes termes ; & que ſon Livre
n'eſt qu'*un vrai voyage de Caravanne,* où
l'on fait *vingt ou trente lieues, ſans trouver un arbre fruitier ou une fontaine.* Il
eſt vrai que Bayle s'expliquoit ainſi vis-à-
vis du redoutable Déſpréaux ; mais je n'en
ſuis pas moins autoriſé à conclure que ſon
Dictionnaire ne mérite pas tous les éloges
que ſes admirateurs lui prodiguent. Cet
ouvrage n'eſt point marqué au coin des
talens qu'il avoit reçus de la Nature. Ce

(*a*) Lettre 217.

n'eſt point en lui le fruit du génie & encore moins celui du goût. En n'y étalant
qu'une foule de citations ſouvent mépri-
ſables, il n'y paroît lui-même qu'un homme devenu tour-à-tour le jouet de tous
les ſyſtêmes, ſans avoir jamais eu la force
ou le courage d'en adopter aucun.

Comme le *choix des penſées* eſt une ſorte
d'*invention*, (*a*) un faiſeur de Dictionnaire qui
ſe décharge du ſoin pénible, mais hono-
rable d'imaginer, a coutume de choiſir
mal. Il ſe *détermine plutôt à rapporter beaucoup de choſes que d'excellentes choſes.* Il
ſonge à donner des preuves d'une vaſte
Lecture, & il néglige d'en donner de
ſon goût & de ſon diſcernement. Il n'a
garde de s'appliquer ce que diſoit un de
nos grands Poëtes, (*b*) que *la bonté d'un ouvrage ne ſe meſure point à ſa groſſeur,* &
qu'au contraire, ſuivant le Poëte Calli-
maque, *un grand Livre n'eſt ſouvent qu'un
grand mal.* Il s'excepte hardiment de la
Loï générale. Jamais, a ſon gré, la carrière
ne peut trop s'étendre ſous ſes pas. Il craint
de n'avoir pas le temps d'être diffus, comme un bon Auteur (*c*) craint de n'avoir pas
le loiſir d'être court. Delà ce tas d'inutilités

(*a*) Labruyere.
(*b*) Rouſſeau Préf. de ſes Œuv.
(*c*) Paſcal.

dans certain Dictionnaire qu'on a long-temps, mais mal à-propos attribué à une société sçavante & religieuse qui l'a plusieurs fois & hautement désavoué. (*a*) Tantôt on y rappelle, on y conserve des termes qu'une langue auſſi ſage que la nôtre, auroit intérêt d'oublier & de perdre. Tantôt on y multiplie, ſans ſçavoir pourquoi, des citations révoltantes. C'eſt ſans doute à la démangeaiſon de copier & de tranſcrire qu'il faut attribuer ce qu'on y lit, par exemple, ſous le mot *Peres.* On a beau nous avertir que les phraſes qu'on y raſſemble indécemment, ſont tirées de Scaliger & de S. Evremont. Cet étalage eſt d'autant moins judicieux, pour ne rien dire ici de plus fort, qu'il ſemble fait pour contredire la définition à laquelle il devroit ſervir de témoignage & de preuve. Il eſt au moins certain que ces citations ne contiennent que des jugemens, non-ſeulement hazardés, mais abſolument faux ; & je me chargerois de le démontrer dans le plus grand détail, ſi les grands Hommes dont on y attaque la réputation & le mérite, pouvoient avoir beſoin de mon Apologie.

On a dit que l'Art conſiſte quelquefois

(*a*) Voyez les Mém. de Trev. Avril 1704, Mars 1705. Novembr. 1753.

à cacher son art. Ce n'est pas l'éloge que songe à mériter l'Auteur d'un Dictionnaire. Il semble faire profession de bannir toute sorte d'art de sa composition & de son ouvrage. Toujours uniforme dans ses tours & dans ses expressions, il se borne à une espèce de Monotonie qui forme son caractère. Il se dispense de lier les matières ou les faits par des transitions délicates. Il lui suffit de coudre, pour ainsi dire, bout à bout ce qu'il a remarqué dans le cours de ses lectures. C'est qu'il ne pense point à tracer des portraits vivans & finis : il ne veut que rassembler quelques linéamens grossiers & sans ame ; sous sa plume tout devient sec & aride. Ses descriptions, ses recits n'ont pas, pour m'exprimer avec un Ancien, (a) cette sorte d'embonpoint qui met une véritable ressemblance entre un beau corps & un beau discours. Son ouvrage n'est qu'un squelette décharné, où l'on peut compter les ossemens, les nerfs & les artères qui le composent.

Le travail de l'Auteur d'un Dictionnaire n'est donc, à proprement parler,

_____

(a) *Oratio autem, ficut corpus hominis, ea demùm pulchra eft, in quâ non eminent venæ, nec offa numerantur : fed temperatus ac bonus fanguis implet membra,* &c. de cauf. corrupt. Éloq. apud Tacit.

qu'un travail méchanique, ou pour m'exprimer avec un homme d'esprit, que le travail d'un *Copiste à gages*. Le modeste M. du Cange doigts que pour faire son glossaire, il ne lui avoit fallu que *des yeux & des doigts*. En un mot, l'Auteur d'un Dictionnaire n'a point l'honneur de l'invention dans ce qu'il dit, & il ne songe gueres à mettre les graces du style dans la manière dont il le dit.

Je croirai assez volontiers qu'un bon Vocabulaire est la seule espèce de Dictionnaire dont la composition exige un mérite plus réel & plus rare. Comme aux yeux du préjugé cette proposition pourroit avoir l'air d'un Paradoxe, je me hâte de la justifier.

Pour composer un excellent recueil de tous les mots d'une Langue, non-seulement il en faut faire un dénombrement exact, mais on doit de plus en distinguer les différentes significations, & en marquer les divers emplois. Or on ne sçauroit réussir dans ces deux dernières opérations, si l'on ne connoît à fond le génie de la Langue, si l'on ne posséde une sorte de *Métaphysique* (a) naturelle, mais *subtile* qui en a dicté les régles. On a besoin d'une justesse & d'une précision infinies pour as-

(a) Fontenelle.

ſigner la valeur de tous les termes, pour
fixer les nuances plus ou moins fortes qu'ils
acquierent par leurs différentes ſituations,
pour préſenter les véritables idées que l'uſage y attache en divers cas, ſans qu'on ſe
laiſſe jamais tromper par les reſſemblan-
ces qui donnent lieu de les confondre. Quel
diſcernement, quelle délicateſſe ne demande
point ce genre de travail ! L'Auteur d'un
Poëme preſque digne de Virgile (a), avoit
commencé un Dictionnaire Latin deſtiné
à effacer tous les autres. Nous lui avons
entendu dire qu'il ne ſe propoſoit pas
moins que de faire ſentir, ſous chaque
mot François, la ſignification préciſe &
l'uſage particulier de ce grand nombre de
mots Latins que le commun des Lecteurs
regarde comme de parfaits ſynonimes.
Un tel deſſein ſuppoſoit en lui autant de
fineſſe de goût que de lecture. Pour conti-
nuer ſon ouvrage, en entrant dans ſes
vuës, on avoit beſoin de l'homme d'eſprit (b) qui s'en eſt chargé, & dont les talens
ſont atteſtés par une foule de Lauriers
Académiques.

Voilà encore ce qui a fait avancer que
le *Dictionnaire d'une langue vivante de-*

(a) Le P. Vanieres.
(b) Le P. Lombard.
(c) Préface du Dict. de l'Acad. Fr.

mande d'être composé *par uno Compagnie.*
Il exige une *multitude & une variété de*
connoiſſances, qu'il eſt comme impoſſible de
trouver raſſemblées dans une même per-
ſonne. Auſſi l'Académie Françoiſe s'eſt-elle
long-temps occupée de cet unique ouvrage.
Tandis que le Vulgaire toujours ſoupçon-
neux & malin , l'accuſoit de ne penſer à
rien d'utile pour les Lettres , elle faiſoit
toutes les recherches néceſſaires pour ſe
mettre en état de connoître les mots qui
compoſent notre Langue. Elle conſultoit
ſans ceſſe les Poëtes , les Orateurs & les
autres Ecrivains célèbres qu'elle a ſucceſ-
ſivement renfermés dans ſon ſein, & c'eſt
en publiant leurs différentes déciſions ,
qu'elle nous a fait un préſent digne d'elle.
Son Dictionnaire , plus que tout autre , par
des définitions exactes & préciſes , rend
ſenſible l'énergie des termes François , en
marque le véritable uſage , & diſtingue
ſoigneuſement les différens ſtyles auxquels
ils appartiennent.

Je n'ignore pas que quelques Amateurs
des gros Volumes , ne le trouvent point
aſſez étendu. Mais c'eſt peut - être ce qui
devroit le rendre plus précieux. On n'y a
point voulu faire entrer ce que d'autres
Livres peuvent fournir : on s'y eſt borné
à l'uſage préſent : on n'y a prétendu parler

qu'aux gens fages & raifonnables; c'eft-à-
dire, qu'on a fait profeſſion d'en exclure
les termes d'Art & de Science, ceux qui
font furannés, & ceux que dictent des
paſſions qui dégradent l'homme poli &
l'honnête homme. On n'y a d'ailleurs
donné aucune place à, ce qui peut être
douteux & incertain, où inutile & fuper-
flu. De tels retranchemens ont fans doute
diminué le nombre des articles, en aug-
mentant le mérite de ceux qui ont été
employés.

Après tout, qu'eſt-ce qu'un bon Vocabulaire? Eſt-ce fuivant l'expreſſion d'un Acadé-
micien capable d'en donner un lui-même(*a*),
eſt-ce *un amas général & monſtrueux de
tous les mots, foit du bon foit du mauvais
uſage, foit anciens foit nouveaux ?* N'eſt-ce
pas plutôt un recueil qui renferme les véritables richeſſes de la Langue ? Mais *la
richeſſe* des Langues, diſoit le P. Bouhours,
ne *conſiſte* pas *préciſément dans la multitude des mots.* Si cela étoit, il faudroit
dire que les Langues s'*enrichiſſent* à me-
fure qu'elles fe corrompent. Le nombre des
locutions augmente par *le peu de foin qu'on
apporte à choiſir les termes propres & uſi-
tés, & par la liberté qu'on fe donne de*

(*a*) L'Abbé Girard Préf. des Sinon. Er.

dire tout ce qu'on veut, *sans avoir égard
à l'usage, ni au génie de la Langue.* C'est
ainsi que la Langue Latine parut faire
de nouvelles acquisitions, après le siécle
d'Auguste. L'*abondance* n'est donc pas toujours la *marque de la perfection des Langues.* Nous avons droit d'en dire autant
d'un Vocabulaire. Celui de l'Académie
Françoise nous présente des richesses d'autant plus réelles qu'on n'y voit aucune
trace des défauts que notre Langue avoit
contractés *dans la bouche du Peuple & des
courtisans ignorans ou peu exacts.* On n'est
pas moins riche, ajoûte le P. Bouhours,
*pour avoir tout son bien en pierreries ; & ce
n'est pas une marque d'indigence que de s'être
défait d'une infinité de choses inutiles & em-
barrassantes.*

Revenons aux Dictionnaires en général.
Ceux qui les lisent peuvent-ils en retirer
plus de fruit qu'il n'en revient de gloire
à ceux qui les ont composés.

Il faut distinguer ici deux sortes de Lecteurs. Les uns sont superficiels, les autres
approfondissent tout. Delà un double effet
que doivent produire les Dictionnaires. Ils
sont un écueil pour l'ignorance & pour la pa-
resse; ils ne sont de quelque secours que pour
ceux qui aiment véritablement le travail. Je
renverse peut-être les idées communes ;

mais je ne dis rien qui ne ſoit facile à démontrer.

Il n'eſt pas ſurprenant que le commun des Lecteurs ſe laiſſe prévenir en faveur des Dictionnaires. Ils promettent les inſtructions les plus détaillées, & ils ne les mettent point à un trop haut prix ; c'eſt-à-dire, qu'ils n'impoſent aucune recherche pénible ; qu'ils preſcrivent une route unique, qui n'exige ni talent ni diſpoſitions pour être ſuivie. A les en croire, ils nous introduiſent, dès les premiers pas, dans le ſanctuaire du ſçavoir ; ils nous mettent en main & dans un inſtant des richeſſes que nous ne pourrions ramaſſer nous-mêmes qu'à la longue & par un travail de pluſieurs années. Ces offres, ces facilités ſont ſéduiſantes, j'en conviens. L'amour-propre qui ſaiſit toujours avidement ce qui lui aſſure la liberté, s'y livre de la meilleure foi du monde. Mais, qu'il eſt groſſiérement trompé dans ſes eſpérances ! Quiconque s'en rapporte uniquement à ſon Dictionnaire, s'expoſe à prendre ſouvent l'erreur pour la vérité. On auroit de la peine à imaginer juſqu'à quel point ils ſont tous plus ou moins fautifs. Tantôt les définitions ſont peu exactes, tantôt les dattes ſont fauſſes. Ici les faits ſont altérés, là les noms mêmes ſont déguiſés,

défigurés,

défigurés, & cessent d'être reconnoissables.
J'en pourrois citer des exemples frappans
tirés d'un Dictionnaire qu'on a récemment
donné au Public. (*a*) Et pourroit-il en être
autrement ? Celui qui travaille en ce genre,
écrit la plûpart du temps sur le rapport d'au-
trui. Il n'a pas le loisir de consulter sur
chaque article les Auteurs originaux, de
voir tout par lui-même & de ses propres
yeux. Eût-il la volonté, eût-il la patience
de le faire ? *Combien de fois*, ainsi que
Bayle l'a avoué, en parlant de son Dictionnaire, (*b*) *combien de fois*, par négligence
ou par préoccupation, *n'arrive-t'il pas à
sa plume de trahir sa pensée ?* Et qu'on
ne se flatte point que les Editions, en
se multipliant, soient capables de remé-
dier au mal ? Il est décidé qu'ici le meilleur *Editeur n'est que celui qui introduit
moins de fautes qu'il n'en corrige.* Un (*c*) Lecteur n'est donc guères avancé, quand il
ne connoît que cette sorte d'ouvrage. Son
Dictionnaire est un mauvais garant de ce
qu'il croit sçavoir le mieux. Il n'est propre

(*a*) Diss. Géogr. (*b*) Préf. de son Dict.
(*c*) *Je ne pense pas que je me fusse jamais engagé
au travail de ce Dictionnaire, si j'eusse prévu
que toute mon attention à éviter les méprises,
ne m'empêcheroit de me tromper fort souvent &
bien lourdement.* Dict. crit. art. Bobylus, Remarq.

B

qu'à l'entretenir dans une orgueilleuse ignorance, en lui fournissant un prétexte de se
dérober à la contrainte d'une étude régu-
lière, & en lui donnant lieu de se per-
suader qu'il possède à fond les choses mêmes qui lui sont inconnues.

Mais quand les Dictionnaires seroient
incapables de nous jetter dans l'erreur,
seroient-ils suffisans pour nous apprendre
la vérité ? Non. Les choses n'y sont jamais que très-imparfaitement rapportées.
Aussi Bayle convenoit-il qu'en faisant le
sien, il s'étoit rendu coupable d'une *infinité de péchés d'omission* ; ce sont ses termes. Ces sortes d'ouvrages ne présentent
en effet que quelques traits généraux ou
plus essentiels. Les détails exacts & circons-
tanciés qui embrassent tout, n'y sçauroient
entrer. Le Lecteur ne s'y instruit donc
qu'à demi ; & quoi qu'il y apprenne, ce
qu'on lui tait sur chaque matiere, ou sur
chaque article, surpasse de beaucoup ce
qu'on lui en dit. On ne lui donne donc
ainsi que des connoissances très-superfi-
cielles ; & s'il ne va pas plus loin, son prétendu sçavoir ne le mettra pas en état
de soutenir le moindre examen, ni de ré-
soudre la plus légere difficulté.

J'ajoute que les matériaux d'un Dictionnaire ayant été pris çà & là, ils sont

détachés de ce qui précède & de ce qui
suit dans les Auteurs qui les ont fourni-
nis. Mais ces morceaux isolés, n'étant plus,
si j'ose parler ainsi, avec leurs Auteurs,
avec cet ensemble qui étoit destiné
à leur ménager l'impression qu'ils de-
voient faire, ou ils donnent de fausses
vuës, ou ils n'en donnent aucune qui soit
bien nette & bien précise. Delà cette froide
tranquillité que les Dictionnaires laissent
dans l'ame de leurs Lecteurs. Delà ces in-
certitudes continuelles, ces doutes éternels
où ils jettent communément ceux mêmes
qui les consultent. Ils ne satisfont jamais
pleinement aux questions qu'on leur fait,
& plus on est éclairé, moins on est con-
tent de leurs réponses.

Pour se convaincre de la stérilité, de
l'indigence où se trouve nécessairement
réduit un homme qui ne connoît, par
exemple, sa Langue que par son Dictionnaire, il n'y a qu'à lui mettre la plume à
la main. Il est embarrassé pour écrire seulement une page. Outre qu'il n'a point de
style, & que ces tours naturels ou élégans,
en quoi consiste la richesse de la Langue,
lui sont parfaitement étrangers, il se
trompe à chaque instant, ou dans le
choix des termes, ou dans la manière
de les placer. Tous ceux qui paroissent

être synonimes ne le font pas véritablement, & la plûpart empruntent de leur
fituation une fignification particuliere. Il
n'y a que la lecture & l'ufage qui puif-
fe nous mettre au fait de tous ces myfteres.
Nous avons la preuve & l'exemple de ce
que je dis, dans une phrafe ridicule, quoique toute compofée de mots François,
que Boileau avoit imaginée pour démontrer
qu'il n'eft pas poffible qu'on écrive bien
d'après un Dictionnaire. * Auffi voyons-
nous qu'il ne faifoit lui-même aucun cas
du *Dictionnaire des Rimes*, pour ne con-
fulter, difoit-il, que le *Dictionnaire de la
Raifon*. Mais fi pour les compofitions en
Profe & en Vers, tout nous oblige de con-
venir de l'infuffifance de ces fortes d'ouvrages, comment pourroit-on fe flatter d'y
trouver tous les fecours néceffaires pour
connoître & pour approfondir les divers
objets des Sciences & des Arts ? Malheur
à l'indolence & à l'oifiveté qui s'y arrêtent volontiers. Elles ne réuffiront jamais
à diffiper par ce moyen les ténebres qui
les environnent.

Croira-t-on après cela que les Diction-

(a) Sur la *rive* du *fleuve* amaffant de l'*Arêne*...
comme fi je ne fçavois pas que dans votre *Cité
de Paris* la *Seine* paffe fous le *pont nouveau.*
Je fçais tout cela fur l'*extrémité* du doigt.

naires puiſſent être de quelque utilité pour
les Sçavans ou pour les perſonnes qui cher-
chent ſérieuſement à s'inſtruire ? Ils doivent être utiles ſans doute à ceux qui s'en
ſervent pour aller plus loin. Ils ne nuiſent
qu'à celui dont ils bornent le travail &
les vuës. Dans le cours de ſes études un
Littérateur a ſouvent beſoin, tantôt de
précipiter ſa marche, tantôt de revenir
en quelque ſorte ſur ſes pas, pour recou-
vrer ce que le temps enleve quelquefois
à la mémoire. On ménage ſon loiſir,
ſon application & ſes forces, en lui in-
diquant, à meſure qu'il le ſouhaite, la
route qu'il peut ſuivre, ou en le remet-
tant ſur la voie. Or c'eſt le ſervice que
les Dictionnaires ſont en état de lui rendre. Ils lui montrent ou ils lui rappellent
à peu-près les ſources où il a déja puiſé ;
ils l'y conduiſent, comme par la main ;
& parce qu'il eſt dans l'habitude louable
de ne pas les en croire, pour ainſi dire
ſur leur parole, il approfondit, il vérifie
toutes leurs citations. Cette précaution
ajoûte ordinairement beaucoup à l'éten-
due & à la certitude de ſes connoiſſances.
Dans les Auteurs auxquels on le renvoie,
il en découvre ſouvent plus ou moins
qu'on ne lui en diſoit ; & quelque profit

qu'il tire de ses découvertes, il a toujours la
satisfaction de ne rien avancer dont il ne
soit entièrement certain.

Ceci pourroit être rendu sensible par
l'usage que les Orateurs sacrés & les Théo-
logiens font journellement d'un Dictionnaire dont il y a eu des Editions sans nombre, & qui est connu sous le nom de *Con-*
cordances de la Bible. (*a*) Avec le secours de
cet ouvrage, on trouve à point nommé
dans l'Ecriture tous les Textes qu'on dé-
sire, & dont c'est assez qu'on ait retenu
un seul mot. Il est aisé de comprendre
qu'entre les mains de quelqu'un qui n'avoit
jamais lû les Livres saints, des passages
ainsi recueillis risqueroient d'être mal pris
ou mal appliqués. Mais on ne niera pas
sans doute qu'il ne soit très-commode pour
ceux mêmes qui ont étudié à fond les
Ecrits des Prophètes & des Apôtres, d'avoir
un moyen aussi abrégé qu'infaillible,
de trouver sur le champ & sans embarras
& le Chapitre & le Verset qu'ils ont des-
sein d'employer.

Je comparerois volontiers un Dictionnaire à la Table d'un Livre. Or une Table,
quelque bien faite qu'on la suppose, ne dispense pas de lire le Volume à la tête duquel
elle est placée. Elle n'est destinée qu'à le ren-

(*a*) *Sacrorum Bibliorum Concordantiæ.*

dre d'un usage plus facile & plus commode.
Aussi est-elle utile à un Ecrivain laborieux,
qui, pour ne point perdre de temps, veut
quelquefois qu'on lui indique au plus vîte
la page précise où il est question de l'objet dont il est actuellement occupé. Mais
cette Table seroit évidemment un obstacle
à la connoissance de la vérité, pour quiconque se contenteroit de cette indication
superficielle & qui négligeroit d'en pro-
fiter pour s'instruire à fond du sentiment
d'un Auteur & des raisons solides sur les-
quelles il s'appuye. Il en est de même d'un
Dictionnaire, puisque ce n'est, encore un
coup, qu'une sorte de Table de ce que
fournissent divers Auteurs sur la matiere
qu'il embrasse, mais qu'il décompose, en
distribuant par ordre alphabétique toutes
les parties qui en dépendent.

Il est à présent, ce me semble, facile
de décider si l'on peut dire avec justice
que *les Dictionnaires se multiplient aujour-
d'hui pour la ruine ou pour le progrès des
Lettres.* Ils en doivent hâter la ruine dans
les Lecteurs indolens & superficiels, parce
qu'ils les arrêtent, pour ainsi dire, au
milieu de leur course ; qu'ils les retiennent
mal à propos en déça des bornes qu'ils
devroient franchir ; qu'ils leur persuadent
que de plus amples recherches sont inutiles ;

& qu'ils les accoutument à s'en rapporter
à la parole d'un Auteur unique dont les
instructions sont communément impar-
faites, si elles ne portent pas à faux. Mais
après tout, la fortune des Lettres dépend-elle
du commun des Lecteurs qui ont moins
recours aux Livres par le desir sincére
d'augmenter leurs connoissances, que par
le besoin pressant d'étourdir leur ennui &
d'amuser leur oisiveté? L'avancement des
Sciences & des Arts est l'ouvrage de ceux
qui les cultivent. Les Lettres sont rede-
vables de leurs progrès & de leur gloire
aux productions des génies supérieurs. Or
ceux-ci ne seront jamais tentés de s'en tenir
à des Dictionnaires. On peut donc, vis-à-
vis d'eux, les varier, les multiplier impu-
nément. Leurs vuës sont trop grandes &
trop vastes, leur essor est trop hardi & trop
élevé pour avoir à craindre que ces es-
pèces de compilations ne deviennent pour
eux un écueil où ils aillent imprudemment
se briser. Avides de connoître & de pos-
séder tout, ils exigent qu'on leur ouvre
tous les trésors de l'antiquité. Ils aiment
à parcourir ces régions immenses dont est
composé l'empire des Lettres, & qui sont
peuplées d'Orateurs, de Poëtes, d'Historiens & de Philosophes. Ils veulent tout
voir, tout examiner par eux-mêmes. C'est

beaucoup qu'ils ne dédaignent pas abſolu-
lument les Dictionnaires. Ils les admet-
tent comme un ſecours ſubalterne, communément aſſorti aux talens & au carac-
tere de ceux qui les leur préſentent. Mais
comme ils ne s'en laiſſent point impoſer
par cette ſorte d'ouvrage, leur ardeur à
marcher, dans la carriere de l'érudition,
n'en eſt point rallentie, & ils n'en font
pas moins chaque jour de nouveaux
efforts, pour arriver à la perfection qui
eſt l'objet & le terme de leurs travaux.

Je ne dirai donc pas préciſément qu'on
multiplie les Dictionnaires ni pour *la ruine*
ni pour *le progrès* des Lettres. Je craindrois
d'un côté, de leur faire trop de tort, &
de l'autre, de leur faire trop d'honneur.
Je ne les crois pas capables de cauſer jamais, ni en bien ni en mal, une révolu-
tion générale dans l'empire des Lettres.
Les Lecteurs dont ils entretiennent & ſa-
tisfont la pareſſe, n'auroient pas pris la
peine de faire des recherches qui les euſſent
mis en état de n'avoir pas beſoin de leur
ſecours. Ainſi ils leur doivent au moins
ces vuës ſuperficielles, ces demies connoiſſances qu'ils y ont acquiſes & qui valent
bien peut-être un peu mieux qu'une ignorance totale. Ceux au contraire dont les
Dictionnaires ne ſont quelquefois qu'ab-

bréget le travail & soulager la mémoire,
n'auroient pas laissé d'arriver sans eux à
ce haut dégré d'élévation où leur mérite
les a placés dans la littérature. Quelques
épines de plus dans leur chemin, n'auroient
pas sensiblement retardé leur course. Quoi-
qu'avec un peu plus de temps ou de travail, ils seroient également parvenus au
faîte de la gloire qui leur étoit réservée.
La véritable cause du triomphe ou de la
décadence du goût dans les siécles qui se
suivent sans se ressembler, c'est la trempe
différente des esprits qu'ils produisent ;
c'est le caractère particulier que ces esprits ont reçu de la Nature, pour demeu-
rer au dessous ou pour s'élever au-dessus
des instructions qu'on leur donne ; c'est
en un mot le grand ou le petit nombre
des Génies supérieurs que l'Etre suprême,
d'une main prodigue ou avare, juge à
propos de semer sur la terre, pour y faire
succéder, quand il lui plaît, la lumiére
aux ténèbres, ou les ténèbres à la lumiére.

TABLE ALPHABÉTIQUE

DES

DICTIONNAIRES.

En toutes sortes de Langues & sur toutes sortes de Sciences & d'Arts.

A B. A C.

Dictionarium Abstrusorum vocabulorum à Roberto Constantino collectum. Lugduni, 1573. in·4°.

De l'Académie Françoise. Paris, Coignard, 1694. 2. Vol. *in-fol.*

—— Le même. Paris, 1718. 2. Vol. *in·fol.*

—— Le même. Paris, Coignard, 1740. 2. Vol. *in-fol.*

—— L'Apothéose du Dictionnaire de l'Académie & son expulsion de la Region céleste (attribuée au Sieur Richelet) La Haye, 1696. *in-douze.*

—— Réponse à cette critique par Mallemant de Messange. Paris, Ballard, 1696. *in-douze.*

—— L'enterrement du Dictionnaire de

l'Académie, ou réfutation de la Réponse du Sieur Mallemant de Messange. 1697. *in-douze.*

Æthiopico – Latinum (Lexicon) Jobi Ludolphi. Franco-Furti, 1699. *in-fol.*

Agriculture (Dictionnaire général des Termes propres à l') par Louis Liger. Paris, 1703. *in-8°.*

—— Dictionnaire d'Agriculture & de Jardinage, &c. Paris 1751.2. Vol. *in-4°.* par M. C. D. chef de cuisine.

Des Aliments, vins & liqueurs, Paris 1750. 3. Vol. *in douze.*

Allemand. (Le Dictionnaire Orateur.)
I. François – Latin – Allemand.
II. Allemand – François – Latin.
III. Latin – Allemand – François.
Seconde Edit. Francfort 1709 *in-8°.*

Allemand, de Rondeau, revu par Jean Buxtorf. Bâle 1739. 2. Vol. *in-4°.*

Allemand & François *in-8°. uz.* François Allemand.

Allemand & Latin, & Latin & Allemand, Argent. 1596.

Allemand, François-Allemand, & Allemand-François, Dictionnaires des passagers par Frisch. Leipsic 1733. *in-8°.*

Allemand, François-Latin & Allemand, par Poméy. Cologne 1733. 2. Vol. *in-4°.*

AL. AM. AN.

—— Dictionarium Latino-Germanicum Petri Dasypodii, 1537.

Allemand, Radleins Dictionarium Gallicum, & Italicum. Lipsiæ, 1711. 3. Vol. *in-* 8o.

Allemand, Sicotini Lexicon Germanicum. Norimbergæ, 1691. *in-* 4°. *Vz.* Impérial.

—— *Vz.* Latin 1591.

Alphabet Esclavon, Grec, Latin & Polonois, ouvrage composé de 42. Planches gravées par les soins du Moine Karion, 1692. sans nom de Lieu, *in-fol.* ——

Alphabeta Linguarum Orientalium & aliarum Linguarum *in-* 4°. oblong, sans datte & sans nom de Lieu ni d'Imprimeur.

Alphabetum (Linguarum duodecim characteribus differentium Alphabetum) Guilielmi Postelli diligentiâ. Parisiis, 1538.

D'Amour, dans lequel on trouve l'explication des termes les plus usités dans cette Langue. La Haye, 1741. *in-douze.*

Amharico-Latinum (Lexicon) vel Amaricæ Linguæ, Jobi Ludolphi. Francofurti, 1688. *in-fol.*

Anatomique, Latin-François, contenant l'explication des termes les plus utiles & les plus connus avec leurs définitions exactes. Paris, Tillard, 1753. 1. Vol. *in-12.*

—— Le même., Paris 1754. *in-4°.*

—— Le même, Paris 1754. *in-8°.*

—— Anglois , Latin & Grec. Londres, 1580. *in-fol.*

Anglois , Gloſſographia , five Dictionarium Angliæ Linguæ Etymologicum , Authore Tho-Blont. Londini, Tho - Newcomb, 1670. *in-8°.*

—— Etymologicon Linguæ Angliæ , Autore Stephano Skinner, Londini , T. Roycroft; 1671. *in-fol.*

—— The New Wold of Words. Nours orbis vocabulorum , five Dictionarium univerſale vocum Anglicanæ Linguæ quarum Etymologia explicatur ex variis Linguis , per Ewardum Philippes, Editio quinta aucta. Londini , R. Bently, 1696. *in-fol.*

—— Id. Editio sexta aucta per Jo. Kersey. Londini , J. Phillip. 1706. *in-fol.*

—— Gloſſographia Anglicana nova , feu Dictionarium quo difficiliora quæque verba quæ folent ab Anglis uſurpari cum Etymis explicantur Anglice. Londini , Dan. Brown, 1707. *in-8°.*

—— Riders Dictionary. Id eſt , Jo. Rideri Dictionarium Anglico - Latinum auctum à Francifco Holy-oke , alias de

AN.

sacra Quercu. Londini, Adam Iflip, 1633. in-4°.

—— Dictionarium minus Anglico-Latinum & Latino-Anglicum per Christoph. Wase, Editio secunda. Londini, Thomas Newcomb 1675 in-8°.

—— Copious Dictionary, id est magnum Dictionarium Anglico-Latinum & Latino-Græco-Anglicum, cura Franc. Gouldman. Londini, Jo. Field, 1664. in-4°.

—— A large Dictionary, id est magnum Dictionarium tribus constans partibus, prima complectitur Dictionarium Anglico-Latinum. Secunda Dictionarium Latino-Anglicum, seu Lexicon, in quo voces Latinæ puræ & barbaræ exprimuntur, &c. Tertia denique Dictionarium Latino-Anglicum, Historico-Geographico-Poëticum: Autore The. Holy-oke. Londini, Rawlins, 1676. & 1677. in-fol.

—— Dictionarium Anglico-Latinum, & Latino-Anglicum: Autore Elisha Coles. Londini, Jo. Richardson 1679, in-4°.

—— Dictionaire Anglois & François, par Robert Sherwood. Londres, Adam Iflip, 1632. in-fol.

François-Anglois, par Randle Cotgrave, Londres, 1632. in-fol.

—— A short Dictionary , ou petit Dictionnaire Anglois - François & François - Anglois , par Guy Miege. Londres , Tho, Baffet , 1685. *in-8°*.

—— Dictionarium Anglico - Germanico - Gallicum, per Christianum Ludwig. Lipfiæ, Thomas Fritschen 1706. *in-4°*.

—— Nomenclator Claflicus , five Dictionariolum Trilingue , Anglico - Latino - Græcum , fecundum locos communes , Autore Joh. Ray. Londini , Beni Motte , 1696 *in-8°*.

—— A Nomenclature English and Italian , &c. id eft Nomenclatura Anglico - Italica , cum additione verborum ufitatorum , & phrafium communium. Londini , Thomas Edlin 1726. *in-douze*.

—— A The English-Irish Dictionary , id eft Lexicon Anglico - Hibernicum , accedit Grammatica Linguæ Hibernicæ Parifiis , Guerin 1732. *in-4°*.

— Sam. Johnfon A Dictionary of the English Language , London , 1755 *in-fol*. 2 v. Ce Dictionnaire eft pour la Langue Angloife , ce que le Dictionnaire de l'Académie Françoife eft pour notre Langue.

Anglois-François , par Boyer , Amsterdam ,

AN.

dam, Rotterdam & La Haye, 1702. *in-4°.*
2. Vol.

—— Id. 1727. 2. Vol *in-4°.* – Id. 1747.
2. Vol. *in-4°.*

—— Le même Londres, 1748. 2. Vol.
in-4°.

—— Le même Londres 1752. 2. Vol.
in-4°.

—— Le même 1756. 2. Vol. *in-4°.* ——

Anglois par de Foe. Weftminfter, 1753.
in-douze.

Anglois & François, par Guy Miege.
Londres, 1684 *in-8°.*

—— Le même, La Haye, 1703. *in-8°.*

—— Le même, Rotterdam, 1728. *in-8°.*

—— *Vz.* Univerfel Anglois– *Vz.* Langues,
Ductor in Linguas undecim.

Anglois, de la prononciation Angloife
ou nouveau Dictionnaire dans lequel on
a effayé de peindre les vrais fons de la
Langue Angloife. Paris, 1756. *in-8°.*

Annamitique (Dictionarium Annami- ——
ticum, Lufitanum & Latinum, ope facræ
Congregationis de propaganda fide editum
ab Alexandro de Rhodes, Societatis-Jefu.
Romæ Typis Congreg. de propag. fide,
1651. *in-4°.*

Antiquitatum Romanarum & Græca-

C

rum P. Danet ad uſum, Delphini. Lutetiæ
Pariſiorum, 1698. *in-4°.*

✝ Antiquités , Tréſor des recherches & Antiquités Gauloiſes & Françoiſes rédui-tes en ordre alphabétique , enrichi de beaucoup d'origines, épitaphes & de mots de la Langue Thioiſe ou Theuthafrancq, par Borel. Paris Auguſtin Courbé, 1655. *in-4°.*

Apoſtolique, Lyon, 1685. *in-8°.*

Apoſtolique à l'uſage de Mrs. les Curés des Villes & de la campagne , par le P. Hia-cinte de Montargon Auguſtin de la place des victoires, Prédicateur du Roi. Paris Lottin, 1753. & ſuiv. 12. Vol. *in-8°.*

Apparat François avec le Latin recueilli de Ciceron , par le P. Pierre Delbrun. Paris Thibouſt, 1657. *in-4°.*

—— Le même 1694. *in-4°*

Apparat Royal ou nouveau Diction-naire François & Latin N. edit. Lyon, 1712. *in-8°.* —— Le même, Paris, 1725. *in-8°.*

—— Le même , Rouen, 1729. *in-8°.*

—— Le même , Paris, 1735. *in-8°.*

—— Le même, Paris, 1738. *in-8°.*

—— *Vz.* Latin.

Apparatus Latinæ Locutionis ex M. Tul. Cicerone collectus Lugduni. 1607. *in-fol.*

Arabicæ Linguæ (Theſaurus) ex edi-

tione Antonii Gigei. Mediol. 1632 4. Vol.
in-fol.

—— Dictionarium Latino-Arabicum.
Jo an-Bapt. Du Val. Parisiis, 1634. *in-4°.*

Arabica (Erpenii Grammatica) Lugd.
Bat. 1656 *in-4°.*

Architecture (les principes de l'Architecture, de la Sculpture, de la Peinture, &
autres Arts qui en dépendent, avec un Dictionnaire des termes propres à chacun de
ces Arts, par Felibien. Paris, 1690. *in-4°.*

D'Architecture, Dictionnaire Etymologique des termes d'Architecture avec le
supplement, par M. Gastellier, Professeur
en Mathématique. Paris, Pissot, 1755. *in-12.*

—— *Vz.* de Peinture.

—— Des termes d'Architecture avec des
planches qui en facilitent l'explication.
Vz. la nouvelle Edit. de l'Essai sur l'Architecture, par le P. Laugier Jésuite. Paris
1755.

D'architecture (Dictionnaire d'Architecture Civile & Hidraulique & des Arts
qui en dépendent, &c. par Augustin
Charles Daviler. Ouvrage servant de
suite au cours d'Architecture du même
Auteur. Nouv. édit. corrigée & considérablement augmentée. Paris Jombert, 1755.
in-4°.

— Argot (le jargon ou langage de l'Argot reformé comme il est présentement en usage parmi les bons Papires , Paris , Veuve de Carroy *in-*12.

Argot François , à la suite de Cartouche ou le Vice puni , Paris Prault , 1726. *in-8°.* brochure.

—— Armeno – Latinum (Dictionarium) ex mandato Cardinalis de Richelieu editum , Paris 1633. *in-*4°.

—— Armenicæ antiquæ & hodiernæ Thesaurus Joannis Joachimi Schroderi. Amsterdam , 1711 *in-*4°.

Armorial , par Philibert Monet , Lyon 1659. *in-*4°.

— Armorique , Grammaire , Syntaxe , Dictionnaire & Cathéchisme en langue Armorique , ou en François & Breton Armorique , par Julien Mannoir. Quimpercorentin , 1959. *in-8°.*

—— François & Breton par Roftrenen. Rennes , 1732. *in-*4°.

Des Arrêts par Claude de la Ville. Paris , 1692. *in-fol.*

Des Arrêts , par Brillon. Paris , 1711. 3. T. en 6. Vol. *in-fol.*

—— Le même Paris , 1721. 3. Vol. *in-fol.*

—— Le même , 1726. 6. Vol. *in-fol.*

—— Le même Paris , 1727. 6. Vol *in-fol.*

AR. AU. AY. BA.

Des Arts & des Sciences, par Th. Corneille. Paris, 1694. 2. Vol. *in-fol.*

—— Le même nouvelle édition revue & augmentée, par M. *** de l'Académie des Sciences. Paris, 1731. 2. Vol. *in-fol.*

—— Le même nouvelle édition. Paris, 1732. 2. Vol. *in*12.

Les Arts de l'Homme d'épée, ou le Dictionnaire du Gentil-homme par Guillet. La Haye, 1686. *in - fol.*

Des Beaux Arts —— *Vz.* Portatif.

D'Aubeine (fur le Droit) par Emmanuel de Gama, Paris 1708. *in-douze.*

Des Aydes, par Brunet de Grand-Maifon. Paris, Prault, 1730. *in-douze.*

BA.

BAyle (Dictionnaire hiftorique & Critique) par Pierre Bayle. Rotterdam, 1697. 2. Vol. *in-fol.*

La deuxiéme Edit. parut en 1702. à Rotterdam, Leers, avec fupplement de Génève 4. Vol. *in-fol.*

Troifiéme Edit. Genève, 1715. 3. Vol. *in-fol.*

—— La même, Rotterdam, 1715. 3. Vol. *in-fol.*

Quatriéme Edit. Amfterdam, 1720. 4. Vol. *in-fol.*

Supplement au Dictionnaire Hiftorique

C iij

& critique , par M. Bayle pour les Editions de 1702 & de 1715. Genève Fabry, 1722.

Cinquième Edition publiée en Hollande en 1730. 5. Vol. *in-fol.*

—— Le même Amsterdam, 1734. 5. Vol. *in-fol.*

Sixiéme Edition id. Amsterdam, 1740. 5. Vol. *in-fol.*

Nouveau Dictionnaire Historique & Critique pour servir de supplement & de continuation au Dictionnaire de Bayle, par Jacques George de Chaufepié. Amsterdam, 1750. 3. Vol. *in-fol.*

Remarques critiques sur le Dictionnaire de Bayle, par Joly. Dijon , 1748. *in-fol.*

Bible (Dictionnaire de la) par Simon. Lyon, Certe , 1703. 2. Vol. *in-fol.*

—— Le même par Dom Augustin Calmet Bénédictin , Paris 1722. & 1730. 4. Vol. *in-fol.* enrichi de plus de 300. figures en taille-douce.

—— *Vz.* Universel de l'Ecriture sainte.

—— Abbregé de la Bible , pour la connoissance des Tableaux historiques tirés de la Bible même & de Flavius Josephe, Paris Desaint & Saillant 1755. *in-douze.*

Bible (Dictionnaire historique, Géographique & moral de la) pour servir d'intro-

BI. BO. BR.

duction à la lecture de l'Ecriture Sainte.
Auxerre & Paris, 1756. *in-8°.*

Disquisitiones criticæ de variis Bibliorum —
editionibus. Lond. 1684. *in-4°.*

--- *Vz.* Concordantiæ Bibliorum.
Botanique & Pharmaceutique. Paris, 1716.

-- Le même. Paris, 1738. *in-8°.*

— Le même Paris, 1748. *in-8°.*

— Le même Paris, 1750. *in-8°.*

Botanica (Bibliotheca) Autore Joan. Franc.
Seguierio, Hagæ comitum, 1740. *in-4°.*

De la Langue Bretonne, avec l'Etymo- —
logie de plusieurs mots des autres Langues
par Dom Louis le Pelletier, Religieux Bénédictin de la Congrégation de saint Maur
& D. Taillandier. Paris La Guette, 1752.
in-fol.

Britannicum (Dictionarium) quo con-
tinetur etima Verborum , tum sermonis
Consulti , tum earumcumque Artium &
Scientiarum. Autore N. Bailey , Editio secunda aucta ab eodem. Londini T. Cox ;
1736. *in-fol.*

CAldaïcum (Lexicon) Talmudicum & Rabbinicum Joann. Buxtorfii Patris. Basil. 1639. 3. Vol. *in-fol.*

Caldaïque. ——— *Vz.* Hébraïque.

Calepini (Ambrosii) Dictionarium. Parisiis, Rob. Stephanus, 1553. *in-fol.*

—— Id. 1563. —— Id. 1578. —— Id. 1588.

—— Id. Genevæ 1594. 2. Vol. *in-fol.*

—— Id. Dictionarium Octolingue, Genevæ 1609. *in-fol.*

—— Id. Basileæ, 1616.

—— Id. Genevæ, 1620.

—— Id. Lugduni, 1634. 2. Vol. *in-fol.*

—— Id. Lugduni, 1652. 2. Vol. *in-fol.*

—— Id. Lugduni, 1681. 2. Vol. *in-fol.*

—— Ambrosius Calepinus Passeratii, sive linguarum novem Dictionarium, Lugduni Bat. 1654. 2. Vol *in-4°.*

—— Id. Lugduni, 1656 2. Vol. *in-fol.*

—— Id. Lyon 1663. 2. Vol. *in-fol.*

—— Id. cum annotationibus Joannis Passeratii & Laurentii Chiffleti nec non supplemento. Lugduni, De la Cerda 1681. 2. Vol. *in-fol.*

Caraïbe (Dictionnaire Caraïbe-François mêlé de quantité de Remarques historiques pour l'éclaircissement de la Langue) composé par P. Raymont Breton de l'ordre des freres Prêcheurs. Auxerre, Gilles Bouquet 1665. *in-8 °.*

Des cas de conscience, par Jean Pontas, nouv. Edit. Paris Le Mercier, 1715. 3. Vol. *in-fol.* —— Le même Paris 1724. 3. Vol.

—— Le même, Paris 1726. 3. Vol. *in-fol.*

—— Le même, par Jean Pontas. Paris, 1730. 3. Vol. *in-fol.*

—— Le même, par Lamet & Fromageau, Paris, 1733. 3. Vol. *in-fol.*

—— Le même 1734.

Castellana (Teforo de la Lingua Castellana), por Cobarruvias. Madrid, 1611. *in-fol.*

Castelan (dictionario de la Lingua Castellana, compuesto per la Réal Academia Espannola, Madrid, 1726. 6. Vol *in-fol.*

—— Id. 1727.

—— *Vz.* Espagnol.

Celtique. —— *Vz.* François —— Celtique.

De la Chasse & de la Pêche, avec figures, Amsterdam 1743. 2. Vol. *in-12.*

—— *Vz.* les Dons des enfans de Latone, Musique, &c. avec un Dictionnaire des termes de la Chasse, Paris 1734. *in-8 °.*

Des Chasses, par Langlois, Paris 1739. *in-12.*

Chrétien, Paris, 1691.

--- Le même, Paris, 1692. *in-4°*.

--- Le même, Paris, 1712. *in-4°*.

Chrétien, où l'on apprend à connoître Dieu, peint dans tous ses ouvrages, utile aux Prédicateurs, Paris, 1693. *in-8°*.

Ciceron, Car. Stephani Thesaurus Ciceronis, Paris, 1556. *in-fol.*

Civil & Canonique, par Jean Thaumas. Paris, 1632. *in-fol.*

—— Le même, Paris, 1645. *in-fol.*

—— Le même, Paris, 1692. *in-fol.*

Civil & Canonique de Droit & de pratique, par Claude de Ferriere, Paris 1707. *in-4°*.

—— Le même, Paris 1717. *in-4°*.

Comique, Satyrique, Critique, &c. par Philibert Joseph Le Roux, Amsterdam 1718. *in-8°*.

—— Le même, Lyon (Hollande) 1735. *in-8°*.

—— Le même, Amsterdam 1750. *in-8°*. en grand & petit papier.

—— Id. Paris 1750. *in-8°*.

—— Le même, Lyon 1752. 2. Vol. *in-8°*.

Commençans (Dictionnaire des) Paris 1713. *in-8°*.

Du Commerce, par De Savary, Paris 1723. 3. Vol. *in-fol.*

CO. CR.

—— Le même avec le supplement, Amsterdam 1726. 3. vol. *in-4°.*

Supplement du Dictionnaire du Commerce, Paris 1730. *in-fol.*

—— Le même Nouv. Edit. Paris, 1741 3. Vol. *in-fol.*

—— Le même, Paris Etienne. 1748. 3. Vol. *in-fol.*

—— Le même, Genève 1750. 2. Vol. *in-fol.*

—— Le même traduit en Anglois, & enrichi d'additions considérables qui approprient cet ouvrage au commerce & à la navigation de la grande-Bretagne, & aux loix, aux coutumes, & aux usages qui ont lieu à l'égard de tous les Négocians, par M. Posttethwayt Londres Knapton, 1751.

Concordantiæ Bibliorum. (Il y a beaucoup d'Editions de ce Livre, mais les meilleures sont celles-ci. —— Sacrorum Bibliorum vulgatæ editionis Concordantiæ. à Francisco Luca Theologo, &c. Coloniæ Agrippinæ, apud Balthasarum ab Egmond & socios 1684, grand *in-8°.*

——— Id. Lugduni 1726. *in-4°.*

Critique : Projet en Fragmens d'un Dictionnaire critique, *par Pierre Bayle*, Rotterdam 1692. *in-8°.* —— *Vz.* Bayle.

CU. CY. DA.

Curieux par Céfar de Rochefort, Lyon 1685. *in-fol.*

Cyclopædia, or an univerfal Dictionary of arte and fcience, id eft Dictionarium univerfale Artium & Scientiarum per Ephraim Chambers, Anglicè: Quinta Editio Dublini, R. Gunne, &c. 1742. 2. Vol. *in-fol.* cum figuris. --- *Vz.* Encyclopédie.

D A.

DE Danet. --- *Vz.* François & La-tin.

Danois, Dictionarium Herlovianum Danico-Latinum, defumptum ex Etymologico Latino Pauli-Jani Coldingii. Hauniæ, Salomon Sattorius, 1626. *in-8°.*

Danois, Teutonico --- Latinum, Antuerpiæ, 1640. *in-8°.*

--- Specimen Lexici Danico-Latini & Latino-Danici, per P. S. (Petrum Syv.) Copenhagæ, Chrift. Gertzen, 1692. *in-8°.*

--- Nomenclator Grammaticus, feu vocabulorum quæ in Grammaticæ Latinæ præceptis majoribus exemplorum loco adducuntur, interpretatio Danica, revifus & locupletatus, Hauniæ, Typographeum regium 1718. *in-8°.*

Drammatique, ou Recueil Alphabétique des piéces du Théatre François depuis plus de 200. ans, Ms. *in-4°.*

DR. EN. EQ.

Des Drogues , (Dictionnaire univerſel des drogues ſimples & compoſées par Paumer, Paris, 1695. *in-fol.*

Des Drogues ſimples , par Nicolas Lemery, Paris, 1714. *in-4°. fig.*

—— Id. Amſterdam , 1716. *in-4°.*

—— Le même, Paris, 1733. *in-4°.*

De Droit Civil & Canonique , par Jean Thaumas, Paris, 1632. *in-fol.*

De Droit Civil & Canonique 1687. *in-4°.*

—— Le même , par de Ferriere, Paris 1707. *in-4°.*

De Droit & de Pratique , par Claude de Ferriere Avocat au Parlement, N. Edit. paris 1717. *in-4°.* —— Le même , Paris 1734. 2. Vol. *in-4°.*

—— Le même , par Cl. Joſ. de Ferriere, Paris 1740. & 1749. 2. Vol. *in-4°.*

E N.

ENcyclopedique, ou Dictionnaire des Sçiences, des Arts , & des Métiers, mis en ordre par MM. Diderot & d'Alembert, Paris Briaſſon , David , Le Breton & Durand, 1751. *& ſuiv.*

Des Enfans, ou les premiers élémens des Lettres contenant le ſyſtême du Bureau Typographique, Paris 1733. *in-12.* & *in-4°.*

Equivoques Latines (Dictionnaire des)

par Maucunduy , Paris , 1680 *in-8°* .

Efpagnol & François, par Jean Pallet,
Paris,1604. — Le même , pàr Hier. De
Techeide Paris 1619. *in-douze.*

—— *Vz.* Latino Hifpanicum.

Tefauro de la Lingua Caftellana o Ef-
panola por Don Sebaftien de Cobarruvias,
Madrid 1.611. *in-fol.*

. Efpagnol (le Thréfor Efpagnol des
deux Langues Efpagnole & Françoife
de Oudin , Paris 1645. *in-4°* . — Le même ,
Bruxelles 1660. *in-4°* .

Efpagnol - François , François & Efpagnol, par Fr. Sobrino, Bruxelles, 1701.2. Vol.
in-4° . — Le même 1721. 2. Vol *in-4°* .

—— Le même Bruxelle 1734. 2. Vol.
in-4° .

—— Le même 1744. 2. Vol. *in-4°* .

—— Le même 1751. 2. Vol. *in-4°* .

Grammaire & Dictionnaire François &
Efpagnol , par Mannoury , Paris 1701.
in-douze.

—— *Vz.* François & Efpagnol.

Etymologique. Ductor in Linguas cum
illarum harmonia , & Etymologiis in his
undecim Linguis fcilicet, Anglica, Cam-
bro-Britannica , Belgica , Germanica , Gallica , Italica , Hifpanica , Lufitanica , Latina , Græca , & Hebræa , Autore Joanne

Minshæo., Londini Joannes Browe 1617.
in-fol.

Etymologie des mots François qui tirent
leur origine de la Langue Grecque, en
forme de Dictionnaire, par Jules César
de Berniéres, Paris Claude Barbin, 1644.
in-douze.

Etymologique ou Racines des plus beaux
mots que la Langue Françoise a empruntés
des autres qui font originelles, par C. B.
Genève, 1666. *in-douze.*

Etymologique, ou origine de la Langue
Françoise, par Gilles Menage, Paris,
Aniſſon 1684. *in-fol.*

—— Le même, nouvelle Edition de Paris
Aniſſon, 1694. *in-fol.* —— Id. Lyon.

—— Le même, augmenté par A. P. Jault,
Docteur en Médecine & Profeſſeur en Si-
riaque au Collége Royal, Paris Briaſſon
1750. 2. Vol. *in-fol.*

Etymologique. —— *Vz.* Proverbes.
F A.

F'Able, (Dictionnaire abregé de la)
par M. Chompré, Paris Deſaint &
Saillant, 1727. *in-douze.*

—— Le même, Londres, 1731 *in-douze.*

—— Le même, Paris, 1740. *in-douze.*

—— Le même, Paris, 1745. *in-douze.*

—— Id. 1752. —— Id. 1753. 7e. Edit.

Des Finances, contenant la définition de tous les termes des finances, leurs usages, &c. Paris 1727. *in-12.*

——— Le même, Paris Clement 1740. *in-12.*

Universel ——— de la France ancienne & Moderne, par Th. Corneille. Paris 1708. 3. Vol. *in-fol.*

——— De la France, Paris Saugrain & Prault 1726. 3. Vol. *in-fol.*

Critique du Dictionnaire de la France, par de Launoy 1726.

Réponse à la Critique du Dictionnaire de la France, Paris 1727 *in-12.*

Le Royaume de France, & les Etats de Lorraine disposés en forme de Dictionnaire, &c. Paris 1753. *in-4°.*

La France Litteraire ou les beaux Arts contenant les noms & les ouvrages des Gens de Lettres, des Académies, &c. en forme de Dictionnaire, Paris Duchesne 1756. *in-16.*

François, Thrésor de la Langue Françoise tant ancienne que moderne, ci-devant ramassé par Aimar de Ranconnet, augmenté par Jean Nicod, avec une Grammaire Françoise & Latine, & le Recüeil des vieux proverbes de la France, ensemble le Nomenclator de Junius mis par

ordre

FR.

avec un abbregé de la prononciation &
de la Grammaire Françoise, par J. D. P.
Rouen, 1618. *in-4°.*

François, par Pierre Richelet. Genève,
1680. *in-4°.* 2. vol.

—— Le même, suivant la copie impti-
mée à Genève, 1685. *in-4°.*

—— Le même, Genève, 1688. *in-4°.*

—— Le même, 1694. *in-4°.* Cologne.

—— Le même, Genève, 1696. 2. vol.
in-4°.

—— Le même, ibid. 1699. 2. vol. *in-4°.*

—— Le même, Lyon, 1709. 2. vol. *in-fol.*

—— Le même, Genève, 1710. *in-4°.*

—— Le même, Dictionnaire François,
par Pierre Richelet, contenant générale-
ment tous les mots anciens & modernes
avec plusieurs remarques sur la Langue
Françoise, par Pierre Richelet, Lyon
1719. 2. vol. *in-fol.*

—— Le même, Rouen, 1719. 2. vol.
in-fol.

—— Le même, Paris & Lyon, 1728. 3. vol.
in-fol.

—— Le même, Paris, 1732. 3. vol.
in-fol.

—— Le même, Amsterdam, 1732. 2. vol.
in-4°.

Dictionnaire portatif de la Langue

D

FR.

Françoise, extrait du grand Dictionnaire de Richelet. Lyon Duplain, & Paris G. Martin, 1755. *in-8°*. ----Id. La Haye Jean Van Duren, 1756. *in-8°*.

François, des mots les plus usités de la Langue Françoise, par Rochefort Docteur ès Droits, Lyon, 1685. *in-fol.*

—— *Vz.* Manuel Lexique.

François, (essai d'un Dictionnaire universel contenant tous les mots François tant vieux que modernes & les termes de toutes les Sciences & Arts , par Ant. Furetiere. Paris, 1684. *in-4°.*

—— Le même, Amsterdam, 1685. *in-12.*

—— Le même, La Haye & Rotterdam, 1690. 3. vol. *in-fol.*

—— Le même, revû & augmenté, par Basnage de Beauval , Rotterdam, 1700. 3. vol. *in-fol.*

—— Le même, La Haye, 1701. 3. vol. *in-fol.*

—— Le même , revû exactement & augmenté, avec les mots Latins, par les PP. Jésuites. Trévoux, 1704. 3. vol. *in-fol.*

—— Le même , François & Latin , revû & augmenté par Basnage de Beauval de la Riviere. La Haye, 1707. 4. vol. *in-fol.*

—— Le même, Rotterdam, 1708. 3. vol. *in-fol.*

—— Le même, Trévoux, 1721. 5. vol. *in-fol.*

—— Le même, La Haye, 1727. 4. vol. *in-fol.*

—— Le même, nouvelle Édition augmentée avec le supplement. Paris de Laune, 1743. 1752. 7. vol. *in fol.*

François, par Jacquier. Paris 1743. *in - douze.*

François - Allemand & Latin, Genève, 1634. *in-douze.*

François-Allemand-Latin, & Allemand-François-Latin, avec une brieve instruction de la prononciation de la Langue Françoise en forme de Grammaire, Genève Pierre Chouet, 1636. *in-8°.*

—— Le même. 1683. 3. vol. *in-8°.*

—— Nomenclature Françoise-Allemande-Italienne & Danoise, par Daniel Matras. Coppenhague, 1643. *in-8°.*

François - Allemand & Latin, par Duez, Elzevir, 1664. 2. vol *in-4°.*

—— Le même, Genève, 1675. 2. vol. *in-8°.*

François & Allemand, par Rondeau. Bâle, 1739. 2. vol. *in-4°.*

—— *Vz.* Allemand.

François & Anglois, & Anglois-Fran-

ço's, par Boyer. La Haye, 1702. 2. vol.
*in-*4°.

François & Anglois, par Boyer; Amfterdam, Rotterdam & La Haye, *in - 4°.*
Amfterdam, 1719.

—— *Vz* Anglois.

François & Breton Armorique. - *Vʒ.* Armorique.

François Celtique ou François Breton,
par le R. P. Gregoire de Roftrenen Ca-
pucin. Rennes Vatar, 1732. *in-*4°.

François & Efpagnol, par Oudin. Paris,
1606. *in-*8°.

—— Le même, Paris, 1616. *in-*8°.

François & Efpagnol, par Sobrino.
Bruxelles, 1734. 2. vol. *in-*4°.

François-Flamand, par Elcie Edouard-
Leon Mellema. Rotterdam, 1602. *in - 4°.*

—— Le même, par Rouxel. Amft. 1686.
in - 4°

—— Le même, Par Halma. Amfterdam,
1708. 2. v. *in-*4°.

—— Le même, Amfterdam, 1733. 2. vol.
in - 4°.

François-Grec (ou les mots François qui dé-
rivent du Grec) de Leon Tripaut, Confeiller
au Préfidial d'Orleans. Orleans, 1577. *in-*8°.

François & Italien. —— *Vʒ.* Italien.

François & Latin, ou les mots François

FR.

avec les manières d'en user , tournés en Latin , Paris, 1549. *in-fol.*

François & Latin, par Robert Etienne. Paris, 1549. *in-fol.*

François & Latin, par le P. François Pomey, Lyon 1677. *in-4°.* —— Id. Lyon 1684. *in-4°.* —— Le même, Lyon , 1701 *in- 4°.*

—— Le même, 1708. *in-4°.*

—— Le même , Lyon, 1716. *in- 4°.*

François & Latin, par le P. Tachard. Paris Pralard , 1689. *in-4°.*

François & Latin , par Joubert, Paris 1718. *in-4°.* —— Le même, Lyon, 1731. *in-4°.*

—— Le même , Lyon, 1742. *in-4°.*

—— Le même , 1745. *in-4°.*

—— Le même , 1751. *in-4°.*

François, Dictionnaire des Commençans François & Latin. Paris, 1732. *in-8°.*

François & Latin , Par le P. Jean Gaudin. 1732. *in- 4°.*

François & Latin (Universel) Paris, 1752. 7. vol. *in-fol.*

—— *Vz.* Trévoux.

François & Latin , par Nicod. Paris, 1605. *in-4°.* —— Le même, Genève, 1606. *in-4°.*

François & Latin , par l'Abbé Danet,

D iij

nouv. Edit. Paris, 1683. *in-*4°. — Idem.
1687. *in-*4°.

— Le même. 1698. — Le même,
Paris, 1700. *in-*4°. — Le même,
Lyon, 1713. *in-*4°.

— Id. 1721. *in-*4°. — Id. 1737. *in-*4°.

— *V*. Danet.

François & Latin à l'usage de Monseigneur
le Duc de Bourgogne, par le P. Le Brun
Jésuite, Rouen & Paris, 1756. *in-*4°.

Le Thrésor des trois Langues, Françoise, Italienne & Espagnole, par Jerôme
Victor, Genève, 1709. *in-*4°.

De Furetiére — *V*. François.

— *V*. Latin & François.

G A.

Gaulois, Recherches des Antiquités
de la Langue Françoise, ou Dictionnaire Gaulois, par Pierre Borel, 1667. *in-*4°.

Du Gentil-Homme, par Guillet. Paris,
1682. 3. vol. *in-*12.

Géographique du monde. Paris, 1696.
*in-*8°.

Géographique, par Michel Antoine
Baudran. Paris, 1705. 2. vol. *in-fol.*

— Le même, revû par Mati. Amsterdam, 1711. *in-*4°.

G E.

—— Le même, Utrecht, 1713. *in*-4°.

Géographique & Critique, par Bruzen la Martinière, Amsterdam & La Haye, 1726. & suiv. 10. vol. *in-fol.*

—— Le même, Paris, 1726. 10. vol. *in-fol.*

—— Le même, Dijon, 1739. 6. vol. *in-fol.*

—— Le même, Paris, 1740. 6. vol. *in-fol.*

Géographique, Bruxelles, 1694. *in* - 12.

Géographique des Païs-bas, du Cambresis, & de Liege. Amsterdam, 1695. *in*-12.

Géographique, Paris Collombat, 1696. *in-douze.*

Géographique, par Maty, Amsterdam, 1701. *in*-4°.

Géographique & Historique, par Thomas Corneille, Paris, 1708. 3. vol. *in-fol.*

Géographique, l'A. B. C. du monde, par Duval Géographe du Roi, Paris, 1699. *in-douze.*

Géographique, par Laurent Echard, traduit par Volgien, Londres, 1738. *in*-12.

—— Le même, Paris, 1747. *in* - 8°.

—— Id. 1749.

Géographique (Dictionnaire pour la Géographie ancienne & la Lecture des Historiens Grecs & Latins,) par M. Philippe de Pretor, Paris Coutellier, 1744.

Géographique François & Latin avec l'abbregé de la Sphere, Rouen, 1716. *in*-8g.

D iv

——*Vz.* Lloyd.

. Géographique portatif, par l'Abbé Vof-gien. Paris Didot, 1747. *in-8°.*

Atlas Portatif Univerfel & Militaire, par Robert, 1748, *in-4°.*

——Géographique Portatif ou Defcrip-tion des Royaumes, Provinces, Villes, &c. des quatre parties du monde, traduit de l'Anglois. Paris Didot, 1755. *in-8°.*

Géographique en forme de Dictionnaire contenant l'explication de Paris, ou de fon Plan mis en Carte Géographique du Royau-me de France, &c. par M. Teiffereng. Paris Robinot, 1754. *in-12.*

Ferrarii Lexicon Geographicum. Lond. 1657. *in-fol.*

——*Vz.* Officina Latinitatis, au mot Latin, Hiftoricum Geographicum, &c.

——*Vz.* Hiftoricum.

Géorgien. Dictionario Georgiano & Italiano : compofto da Stef Paolini ; con l'ajuto del, P. Nicef Irbachi Georgiano, Monaco di fan Bafilico. In Roma Congr. de propag. fide, 1629. *in-4°.*

Gloffarium Sueco - Gothicum, feu Dic-tionarium Suecico-Latino-Anglo-Galli-cum ; Authore Haq. Spegel. Lunden, Abraham Habereger, 1712. *in-4°.*

Gloffarium du Cange. —— *Vz.* Latin.

G R.

Gradus ad Parnaſſum (Novus Synonimorum , Epithetorum & Phraſium , ſeu elegantiarum Poeticarum Theſaurus ; ſive gradus ad Parnaſſum ab uno é Societate Jeſu concinnatus. editio quinta. Pariſiis , Simon Benard, 1662. *in-8°.*

—— Id. Editio auctior , Rothomagi , Rich. Lallemand; 1706. *in-8°.*

Gradus ad Parnaſſum. Pariſiis , 1732. *in-8°*

—→ Id. 1744. *in-8°.*

—— Vide Poëticum.

Græco-Latinum (Lexicon Ciceronianum ab Henrico Stephano. Paris, 1557. *in-12.*

Græcum Harpocrationis Dictionarium Græce-Latine. Pariſiis , 1614. *in - 4°*

Græcum (Apparatus Græco Latinus ex Iſocrate , Demoſthene aliiſque præcipuis Authoribus Græcis concinnatus. Pariſiis, 1664. *in-4°.*

—— Proſodicum Græcum, Pariſiis, 1680. *in-8°.*

Græcum (Mathiæ Martini Lexicon Philologicum , Præcipuè Etymologicum ; accedunt ejuſdem Etymologicum Græcum, & Iſidori Gloſſarium. Amſtel. 1701. 2. vol. *in -fol.*

Græcum (Suidæ Lexicon , Græco - Latinum , ex verſione Æmilii Porti recognitum, cum notis perpetuis & indicibus per Ludolpum Kusterum, Cantab. (Cantabria Biscaye) 1705. 3. vol. *in-fol.*

Græcum, Julii Pollucis Onomasticum Græcum & Latinum, ex versione Rodolphi Gualtheri, cum notis Wolg. Seberi, & Commentario Gothof. Jungermanni, &c. Amstel. 1706. 2. vol. *in-fol.*

Grec, Lexicon Græco - Latinum, seu Thesaurus Linguæ Græcæ, 1554. *in-fol.*

—— Id. Genevæ, 1562. 2. vol. *in-fol.*

— Id. Parisiis, 1705. *in-8°.*

—— Vide Latino-Gallico-Græcum.

Græco-Latinum (Lexicon) Roberti Constantini, Parisiis, 1592. 2. vol. *in-fol.*

Grec, Constantini Lexicon, Græcum-Latinum, ex Editione Porti. Genevæ, 1607. *in-fol.*

Grec (Constantini Thesaurus Linguæ Græcæ studio Roberson Cant. 1676. *in-4°.*

Grec (C. Dufresne, Domini du Cange Glossarium ad scriptores Mediæ & Infimæ Græcitatis. Lugduni, 1688. 2. vol *in-fol.*

Grec (Joannis Scapulæ Lexicon Græco - Latinum Amstelodami Elzevir. 1652. *in-fol.*

Grec (Racines Grecques, le Jardin des) Mises en Vers François Paris, 1664. *in-douze.* —— Les mêmes, nouv. Edition, Paris, 1712. *in-douze.*

GR. HA. HE.

— Clenardi Inftitutiones Linguæ Græcæ cum praxi Antefignani. Lugd. 1581. *in-4°.*

Grec (Schrevelii Lexicon Græco-Latinum. Amftel. 1700. *in-8°.*

Grec, Cornelii Schrevelii Lexicon Manuale Græco-Latinum & Latino-Græcum, Editio noviffima, Lutetiæ Parifiorum. 1705. *in-8°.* On a fait en la même ville différentes éditions de ce Dictionnaire, la derniére en 1752. plus correcte que les précédentes & confidérablement augmentée n'eft pas moins remarquable par les retranchemens qu'on y a faits.

Grec. — *Vz.* Racines.

— *Vz.* Latino – Gallico-Græcum.

— *Vz.* Trilingue.

Gryphii (Chriftiani) Apparatus. Lipfiæ, 1710. *in-12.* **HA.**

Des **H**Alles, ou Extrait du Dictionnaire de l'Académie Françoife, Bruxelles, 1696. *in-12.* (par M. Artaud.

L'Harmonie Etymologique des Langues Hebraïque, Chaldaïque, Syriaque, Grecque, Latine, Françoife, par Etienne Guichard, Paris 1631. *in-8°.*

Hebraïcum, Autore Seb. Munftero, 1564. *in-8°.*

Hébraïque & Chaldaïque (Methode) avec un Dictionnaire, Paris, 1798. *in-8°.*

Hébraïque, contenant toutes les Origines

des mots Hebreux. Du Vieux Teſtament avec des obſervations Philologiques & Théologiques traduit de l'Anglois , par Louis de Woſzogue , Amſterdam , 1712. *in-4°.*

—Joan. Buxtorſii Lexicon Hebraïcum & Chaldaïcum , Baſileæ , 1735. *in-8°.*

Hebraïcum ; Praxis Linguæ ſanctæ ſecundum litteras ſpectatæ, complectens Grammaticam & Dictionarium Hebraïcum Biblico-Chaldaïcum & Rabbinicum in quo , ad inſtar Schrevelliani Lexici Græci , voces ſimul & vocum ipſarum inflexiones ordine alphabetico diſponuntur , &c. autore Bonaventura Giraudeau , Societatis Jeſu Sacerdote. La Rochelle Desbordes, *in-4°.*

Hebraïcum Gloſſarium univerſale, Auctore Ludovico Thomaſſino, Paris, 1697.*in-fol.*

Heraldique contenant les Armes & Blaſons des Princes, Prélats & autres , par Chevillard. Paris, 1723. *in-12.*

Heraldique, à la fin de la ſixiéme partie des Tablettes Hiſtoriques , Génealogiques & Chronologiques , par M. Du Chazot de Nantigny , 1753. *in-16.*

—— Le même , par Nicolas Marquis Sacriſtain de l'Egliſe des Dames de Remiremont. 3. vol. *in-fol.*

Des Héreſies , par le P. Barth. Pinchinat. Paris, 1736. *in-4°.*

H. E. H I.

Hermétique, avec des traités de la triple préparation de l'or & de l'argent & la production de la Pierre Philosophale, par Gaston le Doux dit de Claves. Paris, 1695. *in-12.* ——— *Vz.* Alchimique.

L'Histoire Naturelle du regne animal, (Dictionnaire Universel de) consistant en quadrupedes, Oiseaux, &c. par Alexandre François Des Bois. 3. vol. *in-fol.*

Historique portatif, contenant l'Histoire des Personnes illustres, par M. l'Abbé Lavocat. Paris, 1752. 2. vol *in-8°.*

Le même, 1755. 2. vol *in-8°.*

Historique des Villes. ——*Vz.* Villes.

Historicum, Geographicum & Poëticum Caroli Stephani. Gen. Crispinus, 1628. *in-4°.*

——— Id. ex recensione Nicolai Lloydii. Oxonii, 1670. *in-fol.*

——— Id. 1671.

Historicum Nicolai Lloydii. Lond. 1686. *in-fol.*

Historicum, Geographicum & Poëticum : Autore Carolo Stephano, Londini, 1686. *in-fol.* 2. vol.

Historicum (Jo. Jac. Hofmani Lexicon universale, Historiam sacram & profanam complectens. Basileæ, 1677. 2. vol. *in fol.*

——— Id. Basileæ, 1698. 4. vol. *in-fol.*

Historicum & Poëticum Caroli Stephani. Lutetiæ, 1553. *in-fol.*

Hollandois ——— *Vz.* Italien Hollandois.

Hurons (le grand Voyage du pays des Hurons, avec un Dictionnaire de la Langue Huronne , par le P. Gab. Sagard, Recollet. Paris, 1632. *in-8°.*

JA.

JAnsenisme (Dictionnaire des Livres Jansenistes) ou qui favorisent le Jansenisme , par le P. Patouillet Jésuite,) Anvers, 1752. 4. vol. *in-8°.*

Du Japon (Dictionarium sive thesauri Linguæ Japonicæ compendium cum additionibus ; à Fr. Didaco Collado , ordinis Prædicatorum , elaboratum. Romæ Typis Congregat. de propag. fide, 1632. *in-4°.*

Jardinier (The Gardeners and Florist Dictionary By Miller , London 1244. 2. vol. *in-8°.* (c'est - à - dire) Dictionnaire Jardinier & Fleuriste de Millers. Londres.

Iconologique , ou introduction à la connoissance des Peintures, Sculptures, Medailles , Estampes , &c. Paris de Hansy. 1756. *in-8°.*

De l'Idolatrie, de l'origine des Sectes, des Héresies, par le P. Barthelemi Pinchinat Religieux de l'Observ. Paris, 1736. *in-4°.*

Illyrien , (Thesaurus Linguæ Illyricæ, sive Dictionarium Illyricum, in quo verba Illyrica Italicè & Latinè redduntur la-

IM. IN. IS. IT.

bore P. Jac. Micalia , Societatis Jesu ,
collectum. Laureti Paulus, & Jo. Baptista
Seraphinus, 1649. *in-8°.*

Impérial, Italien, François , Allemand &
Latin. Cologne , 1743. 2. vol. *in-4°.*

Indiculus universalis. --- *Vz.* Latin.

L'Ingénieur , (Dictionnaire portatif de)
par M. Belidor , Paris, 1755. *in-8°.*

Islande. Lexicon Islandicum , sive Go-
thicæ Runæ, vel linguæ Septentrionalis Dictionarium cum interpretatione Latina &
Græca adornatum à Gudmundo Andreâ ,
Islando , etiam à Petro Joh. Resenio. Haf-
niæ. Christ. Veringius , 1683. *in-4°.*

Italien (Vocabulario Italiano) è Spag-
nuolo da Lor. Franciosini in Roma, 1638.
in-8°.

Italien (Vocabulario) Degli Academici
della Crusca. Tersa impressione, Venetia ,
Firinze , 1671. *in-fol.* 3. vol.

Il medesimo. Venetia , 1741. 6. vol.
in-4°.

--- *Vz.* Toscane.

Italien & François , par Mathanaël
Duez. Leide Elzevir, 1659. 2. vol. *in-8°.*

— Le même , Genève, 1661. *in-8°.*

--- Idem 1664.

Dictionario Italiano è Francese Duez ,
Lyon, 1671. 2. vol. *in-8°.*

IT.

Italien & François, par Antoine Oudin, Paris, 1643. *in-4°.*

Italien & François, de César Oudin, Paris, 1662. *in-4°.*

—— Jof. Laurentii Amalthea Onomaftica, cum interpretatione Italica, Lugduni, 1664. *in-fol.*

François Italien, Italien & François, fuivi d'un autre Latin, François, Italien, Genève, 1677. *in-8°.*

Italien & François, & François & Italien, par Veneroni. Amfterdam, 1677. *in-8°.*

—— Le même, Paris, 1680. *in-4°.*

—— Le même, Paris, 1681. *in-4°.*

—— Il medefimo, Venezia, 1702. *in-4°.*

—— Le même, Lyon, 1707. *in-4°.*

—— Le même, Paris, 1710. 2. vol. *in-4°.*

—— Le même, Paris, 1723. 2. vol. *in-4°.* —— Le même, 1729.

—— Le même, Paris, 1735. 2. vol. *in-4°.*

—— Le même, Paris, 1743. 2. vol. *in-4°.*

Italien & Hollandois; Hollandois & Italien, par Moyfe Giron, Amfterdam, 1710. 3. vol. *in-4°.*

Italien, Latin & François de l'Abbé
Antonini,

Antonini, Paris, 1735. 2. vol. *in-4°.*
— Le même, Paris, 1743. *in-4°.*
— Le même, Paris, 1745. 2. vol.
2. Vol. *in-4°.* —— *Vz.* Latin. 1591.

Juridica (M. Matt. Lipenii Bibliothecâ
realis) Francof. 1679. *in-fol.*

De Justice, Police & finance, par Fran-
çois-Jacques Charles, Paris, 1725 3. vol.
in-fol.

Juris Universi, (Encyclopædia Hun-
niana) Col. Allo. 1642. *in-fol.*

L A.

DUctor in Linguas cum illarum Harmonia & Etymologiis in his undecim
Linguis, scilicet, Anglica, Cambro-Bri-
tannica, Belgica, Germanica, Gallica, Italica, Hispanica, Lusitanica, Latina, Græca & Hebræa, Autore Joanne Minshæo,
Londini, Joannes Browne, 1617. *in-fol.*

Langues (Thrésor des Langues de cet
Univers,) par Charles Duret, Yverdon.
1619. *in-4°.*

—— Joannis Minshæi Emendatio vel à
mendis expurgatio sui ductoris in Linguas, Londini, Jo. Haviland 1626. *in-fol.*

Linguæ sanctæ (Thesaurus) sive Lexicon Hebr. Auctore sancte Pagnino, recognitum opera Joan. Merceri, Coloniæ
Allobrog. 1614. 3. vol. *in-fol.*

E

L A.

De la Langue fainte, traduit de l'Anglois de Leigh, par de Wolzogue, Amfterdam, 1703. *in-4°*.

Dictionarium Latinum (Papias Vocabulifta feu) Venetiis Philip. de Pineis, regnante fereniffimo Auguftino Barbadigo Venetiarum Duce feliciffimo, 1496. die 19. Aprilis 2. Vol. *in-fol.*

Latin (Stephani Doleti Commentariorum) Linguæ Latinæ Volumina duo, Lugduni, 1536. & 1538. 2. vol. *in-fol.*

Latin, Dictioparium feu Latinæ Linguæ Thefaurus. . . . . ex optimis quibufque Autoribus, Parifiis, Roberti Stephani, 1543. 3. vol. *in-fol.*

——— Id. Latino Gallicum, Parifiis. 1546. *in-fol.* ——— Id. 1552 *in-fol.*

——— Marii Nizolii Dictionarium, feu Thefaurus Linguæ Latinæ & Græcæ, Venetiis, 1551. 2. vol. *in fol.*

Latin (Dictionarium Latino-Gallicum) poftrema hac editione valde locupletatum, Parifiis, Rob. Steph. 1552. *in-fol.*

——— Id. Lugduni, (Tinghius.) 1573. 4. Tomes en 2. vol. *in-fol.*

——— Id. Rob. Stephani, Thefaurus Linguæ Latinæ editio nova auctior, Londini, 1734. 4. vol. *in-fol.*

——— Id. Rob. Steph. Thefaurus Linguæ

Latinæ editio nova & aucta Basileæ. 1740.
1743. 3. vol. *in-fol.*

Dictionariolum cum colloquiis aliquot
quatuor Linguarum Latinè, Germanicè,
Gallicè & Italicè 1491.

Dictionariolum Latino-Græco-Gallicum,
Parisiis, 1644. *in* 12. 2. vol.

Linguæ Latinæ, editio nova post Lon-
dinensem auctior cum animadversionibus
Antonii Birvii, Basileæ. 1740. 4. vol.
in-fol.

Latino-Gallicum, Trivoltii. 1704. *in-fol.*

——— Generalis Dictionarii Latino-Gallici
Epitome, per Cl. Fabre. Lugduni, 1740.
in-8°.

Latin (Caroli Du Fresne Domini Du
Cange Glossarium ad Scriptores mediæ &
infimæ Latinitatis. Luteriæ Parisiorum,
1678. 3. vol. *in-fol.*

——— Id. Parisiis, 1733. & seqq. 6. vol
in-fol.

Petri Danetii Dictionarium Latinum
Gallicum, Parisiis. 1673. *in* 4°.

Danetii Radices, seu Dictionariu
guæ Latinæ, Parisiis 1677. *in-8°*

——— Idem 1680. *in-4°*.

Latinum & Gallicum ad usu
Pet. Danetii, Parisiis. 1691.

——— Id. Parisiis, 1694. *in.*

L A.

———— Id. Lugduni 1712. *in-4°*.

———— Id. Lugduni, 1737. *in-4°*.

———— Id. Lugduni, 1739. *in-4°*.

———— *Vt.* Gryphius.

Latinæ Locutionis Apparatus Nifolii & Scot, Paris, 1662. *in-4°*.

Latin, Gloffarium Archaiologicum, continens Latino-Barbara, Peregrina, Obfoleta & Novatæ fignificationis vocabula. Autore Henrico Spelmanno, Londini, 1664. *in-fol.*

———— Id. 1687. *in-fol.*

Latin (Indiculus Univerfalis Latino-Gallicum y Pomey. Chalons, 1692. *in-12.*

———— Le même, Rouen, 1701. *in-12.*

———— Le même, Paris 1755, corrigé, augmenté, & mis en meilleur ordre, par M. l'Abbé Dinouart.

———— Dictionnaire Royal de Pomey, Latin & François, Lyon, 1664. *in-40.*

———— Le même, Lyon, 1623. *in-40.*

———— *Vt.* Pomarium Latinitatis. id.

Latino-Hifpanicum, & Hifpanico-Latinum Œlii Antonii, Antuerpiæ. 1570. *in-8°.*

Latino-Gallicum, apud Honoratum. 1756. *in-fol.*

Latino-Gallicum, Boudot, Parifiis, 1704. *in-8°.*

—— Id, Paris , 1708. *in-8°*.

—— Id. 1732.

—— Id. Parisiis 1735. *in-8°*.

—— Id. Parisiis , 1752. *in-8°*.

Latino - Gallicum univerfale , Parisiis , 1745. *in-8°*.

Guid. Tachard , Dictionarium Latinum Gallicum, Paris, 1687, *in-4°*.

—— Guid. Tachard, novum Dictionarium Latino-Gallicum, Parisiis , 1724. *in-4°*.

Latino-Gallicum ex Cicerone (Autore P. Tachard) Genevæ 1727. *in-4°*.

—— Id. Parisiis, 1752. *in-4°*.

Latin , Dictionnaire des régles de la compofition Latine à l'ufage des enfans, Paris Defpilly, & Rouen Le Boucher, 1757. *in-8°*.

Latin (Novitius feu Dictionarium Latino-Gallicum , Schreveliana methodo digeftum , Autore N. Magniés , Parisiis 1721. 2. vol. *in-4°*.

—— Id. 1750. 2. vol. *in-4°*.

Latin (Officina Latinitatis feu dictionarium Latino - Gallicum, Parisiis, 1673. *in-8°*.

Latin (Officina Latinitatis feu Dictionarium Latino - Gallicum , cum novo Dictionario Geographico Catalauni (Châlons fur Marne) 1717. *in-4°*.

—— Le même, Rouen, 1731. *in-8°*.

Latinum Græco-Barbarum & Litterale
Autore Simone Porcio, Paris, 1635. *in-4°*.

Latino-Gallico-Græcum , Pajot Rothomagi 1658 *in-4°*.

Latin & François , par le P. Pajot Jé-
fuite , Rouen , 1666. *in-4°*.

—— Car. Pajot Dictionarium Latinum-
Gallicum , Parifiis , 1671. *in-4°*.

Latinum Gallicum & Græcum , Caroli
Pajot, Flexiæ 1684. *in-8°*.

—— *Vz.* Danet , François & Latin , &
Latin-François.

Latino-Græco-Gallicum , Parifiis, 1715.
in-8°.

Latin-Allemand —— *Vz.* Calepin.

Lexicon Latinum, maximè poëticum &
Græcum , Franco-Furti , 1707. *in-8°*.

—— Lexicon univerfale Joh. Jac. Hof-
mañi, Lugduni Batavorum Hackius, 1698.
in-fol.

—— *Vz.* Trilingue.

De Lorraine (Nobiliaire Armorial général) en formé de Dictionnaire , par le
R. P. Dom Ambroife Pelletier Bénédictin , Curé de Senones, Nancy , 3. vol.
in-fol. 1756.

M A.

MAdagaſcar (Dictionnaire de la Langue de Madagaſcar , avec un petit
recueil des Noms & Dictions propres des
choſes d'une même eſpèce ; plus quelques
mots du langage des Sauvages de la Baye
de Saldagne au cap de bonne Eſpérance
& un petit Catechiſme avec les prieres du
matin & du ſoir, le tout en François &
en Langue de Madagaſcar , par le ſieur
de Flacourt , Paris, George Joſſe , 1658.
in-8°.

Malaïque (Dictionarium Malaïco-Lati-
num , & Latino-Malaïcam à Davide Haex
compoſitum, Romæ Typis Congregationis de propaganda fide. 1631. *in-4°.*

Manuel Lexique, ou Dictionnaire portatif des mots François dont la ſignification n'eſt pas familiére à tout le monde,
par M. l'Abbé Prevôt. Paris , 1750.
in-8°. 2. vol.

Des Maréchauſſées de France avec la
Table, par G. H. de Bauclas , Paris, 1748.
3. vol. *in-4°.*

Marine (Dictionnaire des termes propres de la) par Deſroches , Paris, 1687.
in-4°.

De Marine , contenant les termes de la
Navigation & de l'Architecture Navale,

E iv

par Aubain, Amſterdam, 1732 *in-4°. fig.*

—— Le même, 1736. *in-4°.* avec figures.

—— Le même, La Haye, 1737. *in-4°.* avec la connoiſſance des Pavillons ou Bannieres.

Des Mathématiques, ou idées générales des Mathématiques, par Jacques Ozanam, Paris, 1691, *in-4°.*

—— Le même, Paris. 1694. *in-4°.*

De Mathématique & de Phyſique, par M. Saverien, Paris, Jombert, 1753. *in-4°.*

Maximes & Déciſions du Palais, recueillies par La Ville, Paris, 1692. *in-fol.*

—— Le même, Paris, 1742. 2. vol. *in-fol.*

De Medecine en Anglois *in-8°.*

De Medecine, traduit de l'Anglois de James, & augmenté par Diderot, Paris, 1746. *& ſuiv.* 6. vol *in-fol. fig.*

De Medecine (. Dictionnaire François, Latin de Medecine & de Chirurgie, par Elie Col de Vilars, Paris, 1741. *in-12.*

Hiſtorique de la Medecine, par M. Eloi, Liege, 1755. 2. vol *in-8°.*

—— Le même, Francforr, 1756. 2. vol. *in-8°.*

Medecins (Joann. Jac. Mangeti Biblio- +
theca Scriptorum Medicorum, Genevæ,
1731. 4. vol. *in fol.*

Du bon Menager de Campagne & de
Ville, par Liger, Paris, 1715. 2. vol.
in-4°.

—— Le même, 1722. Id.

Militaire, par A. D. L. C. D. B. (Au-
bert de la Chesnaye) Paris, 1742. *in-12.*

—— Le même, avec le supplement,
1743.

—— Le même, Nouv. Edit. Paris, 1745.
3. vol *in12.*

—— Le même, à Dresde 1751. 3. vol.
in-8°.

—— Le même, 1758. il se renouvelle
souvent.

Des Monogrames, Chiffres, Lettres
Initiales, &c. par Sellius, Paris, Jory,
1750. *in-8°.*

Moral, ou la Science de la Chaire,
Paris, 1718. 6. vol. *in-8°.*

—— Guil. Morelli Thesaurus linguæ Latinæ Græcæ & Gallicæ, Lug. 1613. *in-4°.*

Morery (le grand Dictionnaire Historique de Louis Moreri, Prêtre, Docteur
en Theologie, 18e & derniére Edition,
Amsterdam, Leyden, La Haye, Utrect,
1750. 8. vol. *in-fol.*

Morery commença ce Dictionnaire à l'âge de 25. ans en 1668.

La premiére Edition parut en 1674 en un vol. *in-fol.* imprimé à Lyon, chez Guerin.

La seconde Edition en 2. vol. fut commencée à Lyon en 1680. & finie après la mort de l'Auteur en 1681.

La troisiéme édition fut faite à Paris en 1683. en 2. vol. *in-fol.*

La quatriéme parut en 1686. à Paris.

La cinquiéme à Lyon en 1688.

Premier Supplement. L'Abbé de saint Uffan, fit un Supplement en 1689 qui servit de troisiéme volume à ce Dictionnaire.

La sixiéme Edition faite par M. Le Clerc imprimée à Amsterdam, en 1692. en 4. vol. *in-fol.*

La septiéme, & la seconde par M. Le Clerc, en 1696. en 4. vol.

La huitiéme, & la troisiéme par le même, en 1698.

Neuviéme Edition, par M. Vaultier, Paris, 1699. 4. vol. *in-fol.*.

Dixiéme Edition, & quatriéme par M. Le Clerc, Amsterdam. 1702. 4. vol. *in-fol.*

Onziéme Edition & seconde, par M. Vaultier, Paris, 1704. 4. vol. *in-fol.*

M O.

Douziéme Edition, Paris, 1707. 4. vol. *in-fol.*

Treiziéme Edition, Paris, 1712. 5. vol. *in-fol.*

Second Supplement de Moreri, par M. Dupin, Paris, 1714. *in - fol.*

Troisiéme Supplement, Hollande, 1716. 2. vol.

Quatorziéme Edition, par M. Dupin, Paris, 1716. 4. vol. *in-fol.*

Quinziéme Edit. Paris, 1718. Id.

Seiziéme Edition, Paris, 1725. 6. vol. *in-fol.*

Dix-septiéme Edition, Basle, 1731. 6. vol. *in-fol.*

Dix-huitiéme & derniére Edition revue augmentée & corrigée, Hollande 1740. 8. vol. *in-fol.*

Quatriéme Supplement, Paris, 1735. 2. vol. *in-fol.*

Nouveau Supplement au Dictionnaire de Moreri, par l'Abbé Gouget, Paris. 1749. 2. vol. *in-fol.*

Le grand Dictionnaire de Morery, avec les deux Supplemens de Paris, contient présentement 16. vol. *in-fol.*

Le même Dictionnaire traduit en Espagnol sous ce titre ___ El gran Diccionario Historico, o Miscellanea curiosa

de la Hiſtoria ſagrada y profana , &c,
Traducido del Frances de Luis Moreri con
ampliſſimas adiciones y Curioſas inveſti-
gaciones relativas à los Reynos perte-
nencies à las Coronas de Eſpana y Portugal aſſi en ell antiguo como en el nue-
vo mundo Por don Joſeph-de Miravel y
Caſadevante en Paris y en Leon de Fran-
cia 1753. 10. vol. *in-fol,*

——Remarques critiques ſur le Dictionnaire Hiſtorique de Morery , Paris 1706,
in-douze.

——Remarques ſur différens articles du
Dictionnaire de Morery de l'Edition de
1718. par l'Abbé Le Clerc, Paris, 1719.
in-4°.

De Muſique , avec un Catalogue de
plus de 900. Auteurs qui ont écrit ſur la
muſique , par Sebaſtien Broſſard. Amſterdam , 1705. *in-8°.*

De Mythologie pour l'intelligence des
Poëtes, &c. Paris , 1745. 3. vol. *in-12.*

Mythologique , ou recueil des Fables
Grecques, Æſopiques, & Cibaritiques miſes
en François avec des notes , par Pierre de
Freſnoy , Orléans 1750. *in-douze.*

NE. NO.

Néologique, à l'usage des Beaux-Esprits du siécle, avec l'éloge de Pantalon Phœbus , par François Guyot des Fontaines , Amsterdam, Paris, 1726. *in-douze.*

—— Le même, seconde Edit. 1727.

—— Le même, troisiéme Edit. augmentée, Amsterdam, 1728. *in-douze.*

—— Le même, Amsterdam , 1747. *in-12.*

—— Le même , Amsterdam 1750. *in-12.*

—— Le même , 1752. *in-8º.*

Lettres Critiques sur le Dictionnaire Néologique & autres ouvrages de l'Abbé Desfontaines , par le Chevalier de Mouhi , Amsterdam. 1733. *in-douze.*

Nomenclator octo linguis Adriani Junii, Edente Herm. Gerimbergio, Genevæ, 1702. *in-8º.*

Nomenclator , omnium rerum propria nomina septem diversis Linguis explicata Auctore Adriano Junio Medico , Francof. 1620. *in-8º.*

Noms propres (Dictionnaire Alphabétique de tous les) qui se trouvent dans Horace , divisé en trois Tables pour l'intelligence de la Fable, de l'histoire & de la Géographie, servant de troisiéme Tome à l'Edition faite à l'usage des classes , des Poësies d'Horace traduites par le Pere Sanadon. Paris, Chaubert, 1756. *in-12.*

Nobleſſe. *Vz.* A la ſuite des Eſſais ſur la Nobleſſe de France, par le Comte de Boullainvilliers, Amſterdam, 1732.

OE.

OEconomique, par Noel Chomel. Lyon, 1718. 3. vol. *in-fol.*

—— Le même, Lyon 1732. & 1743. avec le ſupplement 4. vol. *in-fol.*

—— Le même, Paris, 1743. & ſuiv. 4. vol. *in-fol.*

Ordre Alphabétique, ou Dictionnaire contenant les principales maximes ou déciſions du Palais, par Claude de la Ville, Paris, 1692 *in-fol.*

Linguarum Orientalium Alphabeta, Pariſiis, 1636. *in-8°.*

Oriental (Bibliotheque ou Dictionnaire) contenant tout ce qui regarde les peuples de l'Orient, par d'Herbelot, Paris, 1697. *in-fol.*

Ortographe (Dictionnaire d'c) par Jacquier, Paris, 1743. *in-8°.*

Ortographe Françoiſe (Traité de l') en forme de Dictionnaire, (par Jean Le Roi.) Poitiers, Faucon. 1748. *in-8°.*

—— Le même, quatrieme Edition augmentée, par Reſtaut, Poitiers, 1752. *in-8°.*

P A. P H.

Du **P** Alais (par de la Ville) Paris ,
1692. 2. vol. *in-12.*

—— Le même , Paris , 1692. *in-fol.*

Parnaſſus (Regia Parnaſſi) ſeu Palatium
Muſarum in quo Synonyma , Epitheta &
Phraſes Poëticæ continentur. Editio noviſ-
ſima , Toloſæ Joan. Jac. Boude. 1705.
in-8°.

——— Id. Rothomagi. 1706.

—— Id. Rothomagi. 1712.

—— Id. - - - 1716.

De Peinture & d'Architecture , par
l'Abbé de Marſy , Paris , Barrois. 1746.
2. vol. *in-douze.*

—— Portatif de Peinture , Sculpture &
Gravure , par D. Pernetti , Paris , Bauche.
1757. *in-8°.*

Pharmaceutique , par de Meuve , Paris,
1677. 2. vol. *in-8°.*

—— Le même , Paris , 1680. *in-4°.*

—— Le même , 1698. *in-4°.*

—— Le même , Lyon , 1695. 2. vol.
in-8°. --- *Vz.* Botanique.

Philologicum (Lexicon Philologicum, præcipuè Etimologicum & Sacrum autore Ma-
thia Martinio, Francof. 1655. 2. vol. *in-fol.*

Philologicum (Martin. Lexicon) ſtudio
Joannis Clerici, Trajecti-Bat. 1711. 2. vol.
in-fol.

Philofophique, ou introduction à la connoiſſance de l'homme, Londres, (Paris,) 1751. *in-12.* ——— Id. La Haye, *in-8°.* ——— Id. Lyon, 1756.

La Pleyade Françoiſe, ou l'Eſprit des ſept grands Poëtes François, en forme de Dictionnaire, Paris, Ducheſne, 1755. 2. vol. *in-douze.*

Poëticum (Amatheum Poëticum & Hiſtoricum emendatum & auctum. Burgi-Sebucianorum. 1634. *in-douze.*

Poëticum & Epitheta veterum Poëtarum Auctore Baſilio Zancho Montibus, Lucas Rivius. 1712. *in-8°.*

Poëticum (Dictionarium) Vanierii, Lugduni. 1610. *in-4°.*

——— Vide Gradus ad Parnaſſum.

Police, Dictionnaire du Traité de la Police générale des Villes, Bourgs, Paroiſſes & Seigneuries de la Campagne, par M. Edme de la Poix de Freminville, Bailly des Villes & Marquiſat de la Palice. Paris, Giſſey, 1757. *in-4°.*

Pomarium Latinitatis elegantior conſtitutum, Autore Franciſco Pomei è Societate Jeſu, Lugduni. 1672. *in-8°.*

Portatif des Beaux-Arts, ou abregé de ce

P O.

ce qui concerne l'Architecture, Sculpture, Peinture, &c. Paris, 1752 *in-8°.* (par M. Lacombe.)

⸺ Le même, nouv. Edit. Paris, 1753.

⸺ Portatif de la Langue Francoise, par Richelet, Lyon, 1756. *in-8°.*

⸺ Portatif, ou pensées libres d'un jeune Militaire, Paris, 1756. br.

⸺ Portatif Hollandois & François, par P. Marin, 1696. *in-12.*

⸺ Le même, Amsterdam. 1704.

Portatif des Theatres. ⸺ *Vz.* Theatres.

Dictionarium Lusitano-Latinum, per Augustinum Barbosam Lusitanum. Brachiaræ, 1711. *in-4°.*

⸺ Le même, Lisboæ, 1667. *in-4°.*

De Portugal, (Vocabulario Portuguez è Latino pe lo Raphaël Bluteau, Coimbræ. 1713. 4. vol. *in-fol.*

⸺ Le même, Lisboæ. 1714. 3. vol. *in-fol.*

⸺ Le même, 1721. 5. vol. *in-fol.*

Postelli, Guillemmi Postelli Linguarum XII. Caractheribus differentium Alphabetum, introductio ac legendi modus, Parisiis. 1538. *in-4°.*

Des Postes, par Guyot, employé dans les Postes de Paris, Paris, veuve Latour. 1754. *in-4°.*

F

PR. RE.

De Pratique, par Ferriere, Paris, 1740.
2. vol. *in-4°*.

Des Précieuses, ou la Clef de la Langue
des Ruelles, par Saumaize, Paris, 1660.
in-8°.

⎯ Le même, Paris. 1661. 2. vol. *in-8°*.

⎯ La clef du grand Dictionnaire Historique des Précieuses, Paris, 1661 *in-12*.

Des Proverbes François, Paris, 1649.
in-8°.

Des Proverbes (Etymologique) ou explication des proverbes François, par Fleury
de Bellingen, La Haye, 1656. *in-douze*.

⎯ Curiosités Françoises pour Supplement, aux Dictionnaires ou Recueil des Proverbes & Quolibets, par Antoine Oudin,
Paris, 1640. *in-8°*.

⎯ Le même, Paris 1656. *in-douze*.

Des Proverbes François, par Georges
de Backer, Bruxelles, 1710. *in-8°*.

⎯ Le même, corrigé & augmenté, par
Panckouke, Paris, 1748. *in-8°*.

⎯ Le même, Paris, 1749. *in-douze*.

⎯ Le même, Amsterdam. 1751.
in-douze

RE.

REgia Parnassi, Parisiis 1683. *in-8°*.
⎯ *Vz.* Parnassus.

De Richelet. ⎯ *Vz.* François.

RI. RO. RU. SC.

De Rimes Françoises, composé premiérement par Jean Le Fevre Dijonois ; augmenté & mis en ordre , par le sieur des Accords , Paris , 1588. *in-8°*.

Des Rimes Françoises , tiré des Œuvres de Saluste , sieur du Barras , Genève , 1624. *in-8°*.

Des Rimes , par P. Richelet , Paris , 1667. *in-8°*.

—— Id. 1692 *in-12.*

—— Id. 1702. *in-8°*.

—— Le même , Paris , 1721 *in-8°*.

—— Id. 1724. *in-8°*.

—— Le même , Paris , 1731. *in-8°*.

—— Le même , revu par l'Abbé Berthelin , Paris , 1751. *in-8°*.

Royal François-Anglois , & Anglois-François de Boyer , Amsterdam 1727. 2. vol. *in-4°*.

— *Vz* Anglois.   — *Vz*. François.

Royaumes, (Dictionnaires des) Villes , Fleuves , &c. par Fondeur . Paris , 1680. *in-4°*.

Russien , Nomenclatura Latino-Russica , capitibus distincta. *in-12.*

S C.

S Clavon — Abecedarium Sclavonicum . cum diversis precibus & orationibus sclavonice scriptis , ad exercitationem col-

F ij

lectis. Romæ, Typis Congregationis de propaganda fide. 1629. *in-*8°.

—— *Vz.* Trilingue.

Suede, Liber Alphabeticus Linguæ Suedicæ sive Runicæ, Ufpal Eftil Makfort, 1724. *in-*8°. —— *Vz.* Gloffarium.

Syllabes (Dictionarium de primis syllabis cognofcendis opus artis poëticæ studiofis utile, ab Hortenfio Bonnio concinnatum , Venetiis Franc, Baritellus. 1609. *in* 8°.

Synonimorum Libellus ex optimis Linguæ Latinæ & Græcæ Scriptoribus congeftus à Joan. Serrano cum explicatione Germanica, Norimbergæ, Joan. Montanus, 1659. *in-*8°.

—— Synonima Ciceronis, Victutii & Steph. Flioci, Venetiis. 1567. *in-*8o.

—— Magiftri Barrierti bonarum Litterarum, Salmatienfis Profefforis Synonymorum Liber, Salmanticæ. 1570 *in-*12.

—— Congefies Synonimorum Vernaculæ Latinitatis ex optimis Auctoribus accumulata à Steph. Ubelo Sconing, Ducaci, 1619. *in*. 12.

Synopfis Univerfæ Philologiæ, in qua miranda unitas & harmonia linguarum totius orbis terrarum occulta, è Literarum, Syllabarum, vocumque natura & receffibus

SY. TA. TE.

eruitur : cum grammatica Librorum Orientalium harmonica, synopticè tractata, à
Godefr. Henselio Norimbergæ Hær. Ho-
manniani. 1741. *in-8°.*

Syriacum (Lexicon) Ægidii Gutbirii, ——
Hamburgi. 1667. *in-12.*

TA.

Tablettes Dramatiques, contenant l'abbregé de l'Histoire du Théatre François, & un Dictionnaire des Piéces & des
Auteurs, Paris, Jorry, 1752. *in-8°.*

Du Temps, pour l'intelligence des ga-
zettes & des Mouvémens de la guerre,
Paris, *in-8°.*

—— Le même, par M. Lamiral, Paris,
1747. *in-12.*

—— Le même, 1748. *in-8°.*

Teutonique. —— *Vz.* Danois.

Des Théatres, (Dictionnaire Portatif)
par De Leris, Paris, Jombert, 1754. *in-8°.*

Theologique, Historique & Poëtique, par
Juigné Brossiniere, Paris, 1647. *in-4°.*

—— Le même, 1650. *in-4°.*

—— Le même, 1664. *in-4°.*

Il y a eu huit Editions de ce Dictionnaire, depuis 1664. jusques en 1672. qui
fait la douziéme, Paris, *in-4°.*

Toscana, compendio Del Vocabulario
della Crusca, Venet. 1615. *in-8°.*

TO TR. VI. UR. UN.

— Id. d'Adriano Politi in Venetia. 1578. in-12. — Id. 1623.

— Id. Di benedetto Buonmattei Libri II. in Venezia 1735. *in-4°.*

Trevoux, (Universel, François & Latin, tiré de celui de Furetiére & autres, Trévoux. 1704. 3. vol. *in-fol.*

— Le même, Paris, 1721. 5. vol. *in-fol.*

— Le même, Trévoux, 1732. 5. vol. *in-fol.*

— Le même, Paris, 1743. 6. vol. *in-fol.*

— Supplement au même Dictionnaire, Paris, 1752. *in-fol.*

— Le même, Paris, 1752. 7. vol. *in-fol.*

Trilingue (Dictionarium ; hoc est Dictionum Sclavonicarum, Græcarum & Latinarum Thesaurus. 3. vol. *in-4°.*

V I

Illes (Historique des) & Royaumes, par Franc. Fondeur, Laon, 1680. *in-4°.*

— Urbium Insularum, Regionum, Montium, Fluviorum, Lugduni, 1680. *in-4°.*

Universel, Dictionnaire servant de Bibliotheque universelle, par Paul Boyer, Paris, 1649. 2. vol. *in-fol.*

U N.   V O.

—— Essai d'un Dictionnaire Universel ; de l'Ecriture Sainte, par Charles Huré. Paris, 2. vol. *in fol.*

—— Le même, augmenté, Paris 1725. 3. vol. *in-fol.*

Universel, Etymologique, de la Langue Angloise, par Bayley, London. 1731. 2. vol. *in-8°.*

Vocabulaire universel Latin & François, Paris, Guerin & Latour. 1754. *in-8o.*

Vocabulario degli Academici della Crusca terza editione, Fizenze. 1691. 3. tom. *in-fol.* en 2. vol.

—— La Medesima. — Venetiæ. 1697. *in-fol.* 2. vol.

Volgard (Tesoro della Lingua Volgard, è Latina da Pietro Gaselini, Vinegia 1584.

Du Voyageur, François Allemand, Latin & Allemand, François-Latin, Genève. 1688. *in-4°.*

—— Nouveau Dictionnaire du Voyageur, François, Allemand, Latin, Genève, 1732. *in-8°.*

—— Le même, Francfort, 1744. 2. vol. *in-8°.*

APPROBATION.

J'Ai lû, par ordre de Monseigneur le Chancelier, un manuscrit intitulé : *Table Alphabétique des Dictionnaires* en toutes sortes de Langues & sur toutes sortes de Sciences & d'Arts, avec une dissertation sur les Dictionnaires ; & je n'y ai rien trouvé qui m'ait paru devoir en empêcher l'impression. A Paris, ce 22. Décembre. 1756.

PICQUET,

PRIVILEGE DU ROI.

LOUIS, par la grace de Dieu, Roi de France & de Navarre : à nos amés & féaux Conseillers les Gens tenant nos Cours de Parlement, Maîtres des Requêtes ordinaires de notre Hôtel, Grand-Conseil, Prévôt de Paris, Baillifs, Sénéchaux, leurs Lieutenans Civils, & autres nos Justiciers qu'il appartiendra, Salut. Notre amé Hugues-Daniel Chaubert, Libraire à Paris, Nous a fait exposer qu'il désireroit faire imprimer & donner au Public un Ouvrage qui a pour titre, *Table Alphabétique des Dictionnaires en toutes sortes de Langues, avec un Discours sur l'utilité des Dictionnaires*, s'il Nous plaisoit lui accorder nos Lettres de permission pour ce nécessaires. A CES CAUSES, voulant favorablement traiter l'Exposant, Nous lui avons permis & permettons par ces Présentes, de faire imprimer ledit Ouvrage autant de fois que bon lui semblera, & de le vendre, faire vendre & débiter par tout notre Royaume pendant le temps de trois années consécutives, à compter du jour de la date des Présentes. Faisons défenses à tous Imprimeurs, Libraires, & autres personnes, de quelque qualité & condition qu'elles soient, d'en introduire d'impression étrangère dans aucun lieu de notre obéissance ; à la charge que ces Présentes seront enregistrées tout-au-long sur le Registre de la Communauté des Imprimeurs & Libraires de Paris dans trois mois de la date d'icelles, que l'impression dudit Ouvrage sera faite dans notre Royaume & non ailleurs, en bon papier & beaux caractères, conformément à la feuille imprimée & attachée pour modele sous le contre-scel des Présentes ; & que l'Impétrant se conformera en tout aux Réglemens de la Librairie, & notamment à celui du 10 Avril 1725. qu'avant de l'ex-

G

poser en vente; le Manuscrit qui aura servi de
copie à l'impression dudit Ouvrage, sera remis
dans le même état où l'Approbation y aura été
donnée, ès mains de notre très-cher & féal
Chevalier, Chancelier de France, le Sieur De
Lamoignon; & qu'il en sera ensuite remis
deux exemplaires dans notre Bibliothéque publique, un dans celle de notre Château du Lou-
vre, un dans celle de notredit très-cher & féal
Chevalier, Chancelier de France, le Sieur De
Lamoignon; le tout à peine de nullité des Présentes : du contenu desquelles vous mandons &
enjoignons de faire jouir ledit Exposant & ses
ayans cause pleinement & paisiblement, sans souf-
frir qu'il leur soit fait aucun trouble ou empê-
chement. Voulons que la copie des Présentes,
qui sera imprimée tout au long au commence-
ment ou à la fin dudit Ouvrage, soit tenue pour
dûement signifiée, & qu'aux copies collation-
nées par l'un de nos amés & féaux Conseillers-
Secrétaires, foi soit ajoûtée comme à l'Original.
Commandons au premier notre Huissier ou Ser-
gent sur ce requis, de faire pour l'exécution
d'icelles tous actes requis & nécessaires, sans
demander autre permission, & nonobstant cla-
meur de Haro, Charte Normande, & Lettres
à ce contraires. Car tel est notre plaisir. Donné
à Versailles le deuxieme jour du mois d'Avril,
l'an de grace mil sept cent cinquante-sept, &
de notre Regne le quarante- deuxiéme.
Par le Roi en son Conseil.

L E B E G U E.

*Registré sur le Registre XIV. de la Chambre Royale des Libraires
& Imprimeurs de Paris, n°. 174. fol. 160. conformément aux anciens Réglemens, confirmés par celui du 28 Février 1723. A Paris le
2 Mai 1757.*

Signé, SAVOYE, Adjoint.

www.ingramcontent.com/pod-product-compliance
Lightning Source LLC
Chambersburg PA
CBHW070856280326
41934CB00008B/1463